미래 세대를 위한

평화통일 이야기

미래 세대를 위한 평화통일 이야기

제1판 제1쇄 발행일 2024년 8월 30일

글 _ 정주진
기획 _ 책도둑(박정훈, 박정식, 김민호)
디자인 _ 이안디자인
펴낸이 _ 김은지
펴낸곳 _ 철수와영희
등록번호 _ 제319-2005-42호
주소 _ 서울시 마포구 월드컵로 65, 302호(망원동, 양경회관)
전화 _ 02) 332-0815
팩스 _ 02) 6003-1958
전자우편 _ chulsu815@hanmail.net

© 정주진 2024

* 이 책에 실린 내용 일부나 전부를 다른 곳에 쓰려면 반드시 저작권자와 철수와영희 모두한테서 동의를 받아야 합니다.
* 이 책에 실린 사진 중 저작권자를 찾지 못하여 허락을 받지 못한 사진에 대해서는 저작권자가 확인되는 대로
  통상의 기준에 따라 사용료를 지불하도록 하겠습니다.
* 잘못된 책은 출판사나 처음 산 곳에서 바꾸어 줍니다.

ISBN 979-11-7153-016-8 43340

철수와영희 출판사는 '어린이' 철수와 영희, '어른' 철수와 영희에게 도움 되는 책을 펴내기 위해 노력합니다.

미래 세대를 위한

평화통일 이야기

글 | 정주진

철수와영희

우리는 어떤 미래를 만들 수 있을까?

2024년 1월 1일에 저는 사회관계망서비스(SNS)에 "새해엔 세계가, 그리고 우리 사회가 한걸음이라도 평화로운 공존으로 나아가기를 바란다"는 소망을 적었습니다. 그리곤 평화를 상징하는 로고 위에 작은 촛불이 켜진 사진을 첨부했습니다. 다소 유치해 보였지만 진심이었습니다. 작은 촛불을 켜는 심정으로 "내 할 일을 하겠다"는 다짐도 적었습니다. 그런 다짐을 실천에 옮긴 것 중 하나가 이 책입니다. 우리 사회의 이념 갈등이 조금이라도 나아지길 바라는 마음, 평화통일을 얘기할 수 있을 만큼 남북 관계가 좋아지기를 바라는 마음을 이 책에 담았습니다.

지난 몇 년 동안 남북 관계가 악화되고 군사적 긴장이 높아졌습니다. 2018년에 만들어졌던 남한과 북한 사이의 화해 분위기, 그리고 10여 년 만에 열렸던 남북 정상회담과 사상 첫 북미 정상회담 등 우리가 직접 목격했던 역사적 장면들은 까마득한 옛일인 것처럼 잊혔습니다. 그 전인 2017년에 있었던 군사적 긴장과 전쟁의 위기, 또 그전에 있었던 남북 관계의 위기 등도 잊혔습니다. 지난 20여 년을 돌아보면 남북 관계는 롤러코스터처럼 큰 기복을 보였고 우리는 그런 남북 관계에 익숙해졌습니다. 많은 사람이 남북 관계가 좋아졌다 나빠지는 것을 당연하게 생각합니다. 좋아지는 건 일시적 현상이고 나쁜 것이 정상이라고 생각하기도 합니다. 남북 관계가 좋아질 수 있고 남한과 북한의 평화적 공존이 이뤄질 수 있다는 기대는 거의 하지 않는 듯합니다. 그것이 자연스럽다면 그냥 받아들이는 것도 현명한 선택이 될 수 있습니다. 그런데 남북 관계는 그럴 수 없는 문제입니다. 우리의 일상과 안전, 그리고 현재와 미래에 영향을 미치기 때문입니다. 우리가 평화롭게 살 수 있을지, 또는 평화롭지 않게 계속 살아야 할지가 남북 관계에 달려 있습니다. 기복이 심한 남북 관계를 보면서 가장 답답한 건 앞으로 남북 관계가 어떻게 변할지, 우리가 사는 한반도의 미래가 어떨지 예측하기 힘들다는 점입니다. 미래에 남한과 북한이 평화롭게 공존할 수 있을지, 평화적 통일의 가능성은 있는지 등도 예측하기 힘듭니다.

남북 관계와 관련해 우리가 할 수 있는 건 최대한 미래에 대한 예측이 가능하게 만드는 일입니다. 평화통일을 함께 고민할 수 있을 정도로 남북 관계가 안정적이 되게, 그리고 설사 통일을 하지 않더라도 남한과 북한이 평화롭게 공존하는 미래를 예측할 수 있게 하는 것입니다. 그러기 위해서는 남북 관계, 그리고 평화통일과 관련된 다양한 문제들을 이해하고 고민해 봐야 합니다. 이념 갈등이 심한 우리 사회에 어떤 다른 생각들이 있고 그것이 남북 관계와 우리의 일상에 어떤 영향을 미치는지 알아야 합니다. 또한 우리가 어떤 상황을 만들어야 미래에 평화통일을 선택할 수 있는

지도 생각해 봐야 합니다. 꼭 평화통일을 위해서가 아니라 우리가 평화롭게 살기 위해서입니다. 평화통일을 진지하게 고민하게 된다는 건 남북 관계가 적대적이 아니고 한반도 상황이 안정적이라는 얘기니까요.

이 책은 한반도의 현재, 그리고 미래를 위해 생각해야 할 문제들을 다루고 있습니다. 각 주제에 따라 우리 사회에 존재하는 크게 다른 두 가지 주장을 소개하고 있습니다. 물론 그 외에도 여러 주장이 있지만 이념 갈등의 원인이 되는 주요한 것만 다뤘습니다. 그렇지만 둘 중 하나를 선택해야 하는 건 아니고 그럴 필요도 없습니다. 두 가지 주장 모두를 살펴보고 토론도 하고 다른 주장도 만들어 보길 바랍니다. 모두를 위해 좋은 선택을 고민해 보길 바랍니다.

남북 관계와 한반도의 미래를 예측하기가 힘든 상황이지만 그와 상관없이 한 가지 확실한 건 있습니다. 그건 우리 모두 미래에 평화롭게 살기를 원한다는 겁니다. 평화로운 미래는 우리가 어떻게 현재를 이해하고, 살고, 준비하느냐에 따라 달라질 수 있습니다. 이 책이 청소년들이 현재를 이해하고 미래를 준비하는 데 도움이 되기를 바랍니다. 현재의 청소년들이 어떤 미래를 만들지 무척 궁금합니다.

2024년 8월
일산에서 정주진

1

통일이 되면 좋을까, 나쁠까?

1. 통일에 대한 여러 가지 생각들

1948년까지 한반도는 사실상 하나의 국가였습니다. 1945년까지 일본의 식민 지배로 나라를 빼앗겼고, 해방 뒤에는 미국과 소련이 남북을 나누어 통치하는 우여곡절이 있었지만 말입니다. 그러나 이념의 차이로 남한과 북한이 각각 정부를 수립했고 한반도는 분단됐습니다. 그 뒤로 줄곧 남한과 북한 모두 한반도에 통일된 하나의 국가를 세워야 한다고 얘기해 왔습니다. 우리 헌법 제4조에는 "대한민국은 통일을 지향하며"라고 쓰여 있기도 합니다.

헌법이 통일을 얘기하고 있다고 해서 모든 국민이 통일에 동의하는 건 아닙니다. 통일에 대한 찬성과 반대가 있고, 통일의 필요성과 가능한 시기 등과 관련해 다양한 의견이 존재합니다. 여러 조사를 통해서도 다양한 의견을 확인할 수 있습니다. 그런 조사 가운데 하나로 서울대학교 통일평화연구원이 2007년부터 매년 전국의 19세 이상 74세 이하 성인 남녀 1200명을 대상으로 실시하는 '통일 의식 조사'가 있습니다. 『2023 통일의식조사』 보고서에 따르면 '통일의 필요성'에 대해서 '매우 필요하다'와 '약간 필요하다'고 응답한 비율은 전체 응답자의 43.8퍼센트로 절반이 되지 않았습니다. 그중에서도 '매우 필요하다'는 응답은 15.3퍼센트에 불과했습니다. '반반/보통이다'라는, 즉 이래도 저래도 상관없다는 응답은 26.3퍼센트였습니다. '별로 필요하지 않다'와 '전혀 필요하지 않다'고 응답한 비율은 29.8퍼센트로 3분의 1에 가까웠습니다. 주목할 점은 통일이 필요하다는 응답 비율이 해가 갈수록 줄어들었다는 겁니다. 처음 조사를 시작한 2007년에는 '매우 필요하다'와 '약간 필요하다'고 응답한 비율이 63.8퍼센트에 달했습니다. 그러나 2008년부터는 60퍼센트 밑으로 떨어졌습니다. 그리고 2020년까지는 50퍼센트대를 유지했지만 2021년에는 44.6퍼센트로 낮아졌습니다.

주목할 또 다른 점은 나이가 많을수록 '통일이 필요하다'고 생각하는 비율이, 나이가 적을수록 '필요하지 않다'고 생각하는 비율이 높았다는 겁니다. 2023년 조사 결과 통일이 '필요하다'는 비율은 19~29세에서는 28.2퍼센트였고 30대, 40대, 50대로 갈수록 조금씩 높아졌습니다. 60대 이상에서는 55.6퍼센트나 됐습니다. '필요하지 않다'는 비율은 19~29세에서는 41.2퍼센트였지만 50대

'2018 평창 동계올림픽 남북공동응원단 출범 기자회견'에서 손 팻말과 한반도기를 흔들며 환호하는 참가자들.

에서는 25.4퍼센트, 60대 이상에서는 20.7퍼센트였습니다. 30대는 40대보다, 40대는 50대보다 비율이 높았습니다. 이런 세대별 차이는 한 해가 아닌 여러 해에 걸쳐 반복적으로 확인됐습니다.

통일에 대한 견해도 다릅니다. 앞의 조사 결과를 보면 '어떠한 대가를 치르더라도 통일되는 것이 좋다'에 응답한 비율은 3퍼센트였고, '가능한 빨리 통일되는 것이 좋다'에 응답한 비율은 13.8퍼센트였습니다. 그에 비해 '여건이 성숙되기를 기다려 점진적으로 통일되는 것이 좋다'에 응답한 비율은 45.2퍼센트로 매우 높았습니다. 통일이 아니라 '현재대로가 좋다'에 응답한 비율도 28.2퍼센트나 됐습니다. 해가 지날수록 '통일되는 것이 좋다'고 생각하는 비율은 낮아졌고, '현재대로가 좋다'고 생각하는 비율은 높아졌습니다. '여건이 성숙되기를 기다려야 한다'고 생각하는 비율도 해가 갈수록 낮아졌습니다. 나이가 많은 세대일수록 '가능한 빨리 통일되는 것이 좋다'고 생각하는 비율이 높았고, 젊은 세대일수록 '현재대로가 좋다'는 비율이 높았습니다. 젊을수록 통일에 대한 관심이 적고 남한과 북한이 각각의 국가로 지내는 것이 좋다고 생각하는 겁니다.

다른 조사의 결과도 비슷했습니다. 인천 시민을 대상으로 한 인천연구원의 『2023 인천광역시 통일의식 조사』 보고서에 따르면 '반드시 통일 필요'와 '큰 부담 없다면 통일되는 것이 좋음' 두 개의 질문에 응답한 비율, 즉 통일이 필요하다고 생각하는 비율은 56.5퍼센트였습니다. 앞의 결과보다는 높지만 이 조사의 경우에도 통일이 필요하다는 비율은 2019년 69.9퍼센트, 2020년 61.5퍼센트로 계속 낮아졌습니다. 반면 남북의 '공존 유지'에 응답한 비율은 2019년 17퍼센트에서 점차 높아져 2023년에는 28퍼

센트로 나타났습니다. 통일 필요성에 대한 세대별 차이도 앞의
조사 결과와 비슷했습니다.

통일과 관련해서 의견이 다양한 건 크게 두 가지 이유 때문입
니다. 하나는 통일에 필요한 우호적인 남북 관계가 아니라 적대적
인 남북 관계가 계속되고 있기 때문입니다. 그러니 사람들은 통일
에 확신이 없고 이런저런 생각을 할 수밖에 없습니다. 다른 하나
는 남한과 북한이 오랫동안 교류가 없이 지냈고 우리 모두 그런
상황에 익숙해졌기 때문입니다. 그래서 많은 사람이 통일을 현재
의 편안하고 익숙한 삶을 뒤흔들 수 있는 일로 생각합니다. 특히
많은 청소년과 청년이 그렇게 생각합니다. 통일에 대한 생각이 다
양하고 연령대 사이 의견 차이가 크다는 게 바람직하지 않게 보
일 수도 있습니다. 그러나 달리 보면 매우 자연스러운 일입니다.

2. 경제적 이익을 가져올 것이다

통일의 필요성에 공감하고 되도록 빨리 통일하는 것이 좋다고 하는 사람 중에는 통일이 가져올 경제적 이익을 기대하는 경우가 많습니다. 북한의 풍부한 천연자원과 노동력을 이용하면 통일된 국가는 남한의 수준을 훨씬 뛰어넘는 경제 선진국, 그리고 세계가 인정하는 강대국이 될 거라고 주장합니다. 남한이 자본과 기술을 가지고 북한의 경제 개발을 촉진할 수 있다는 거지요. 남한의 기업과 노동자가 북한이라는 새로운 시장에 진출할 기회도 생긴다고 말합니다. 남한에서 북한으로 연결되는 철도에 대한 기대도 큽니다. 그러면 사실상 부산에서 유럽까지 철도가 연결되는 것이고 사람과 물류의 수송에 획기적인 변화가 생긴다는 거지요. 통일이 이런 경제적인 이익을 가져온다면 반대할 이유가 없고 오히려 되도록 빨리 통일하는 것이 좋다고 말합니다.

우리 정부도 통일을 해야 하는 이유를 설명할 때 경제적 이익을 강조하곤 합니다. 통일을 하기 위해서는 국민의 동의가 필요한

데 경제적 이익은 모두를 설득할 수 있는 좋은 논리입니다. 2014년 11월 국회예산정책처는 『한반도 통일의 경제적 효과』라는 흥미로운 보고서를 냈습니다. 이 보고서는 2015년 한반도가 평화적으로 통일되면 통일된 국가의 GDP(국내총생산)가 연평균 2.7퍼센트 성장할 것으로 분석했습니다. 2023년 남한의 경제성장률, 그러니까 실질 GDP 증가율이 1.4퍼센트였으니 통일된 국가의 2.7퍼센트 성장률은 높은 수치입니다. 한국은 저출산, 초고령 사회 진입, 가계 부채 증가 등으로 앞으로 경제성장률이 낮아질 것으로 전망되고 있습니다. 보고서는 2015년에 통일이 되고 2060년이 되면 남한과 북한을 통합한 GDP는 5조 5000억 달러로 세계 10위, 1인당 GDP는 7만 9000달러로 세계 7위에 오를 것으로 분석했습니다. 인구 규모 또한 7000만 명 정도로 세계 12위가 될 것으로 예상했습니다. 통일이 되면 남한의 저출산, 초고령 사회, 노동력 부족 문제 등이 완화될 수 있는 겁니다.

물론 이와 같은 경제적 효과는 비용을 치러야 얻을 수 있습니다. 이것을 통일 비용이라고 합니다. 즉 통일 뒤 남한과 북한이 비슷한 경제와 생활 수준이 될 때까지 들어가야 하는 비용입니다. 이 비용은 북한보다 경제 수준이 높은 남한이 부담할 가능성이 매우 높습니다. 남한과 북한의 경제 수준이 50배 이상이니 충분히 예상되는 일입니다. 대신 북한은 노동력, 천연자원, 개발 가능한 토지와 환경 등을 제공하게 될 것으로 예상됩니다. 통일 비용은 2016년에서 2060년까지 45년 동안 총 4657조 원에 달할 것으로 분석됐습니다. 그런데 같은 기간에 발생할 경제적 편익, 그러니까 얻을 이익과 혜택은 그보다 3.1배나 많은 1경 4451조 원으로 분석됐습니다. 한마디로 통일이 더 유익한 일이고 "경제적으로 충분한 가치가 있다"고 강조한 겁니다.

주로 남한이, 그리고 통일된 국가가 얻을 이익이 대부분인 것 같지만 사실 북한이 얻을 이익도 큽니다. 보고서는 통일 뒤 2060년까지 북한의 경제성장률을 연평균 9퍼센트로 예상했고, 그 결과 남한과 북한의 경제 격차가 크게 줄어들 것으로 전망했습니다. 북한의 1인당 GDP는 2016년 119만 원에서 2060년에는 4702만 원으로 증가할 것으로 분석했습니다.

국회예산정책처의 보고서는 2015년을 통일 시점으로 잡았고 2016년부터 2060년까지 45년 동안에 부담해야 할 통일 비용과 경제적 효과를 분석했습니다. 그로부터 시간이 많이 지났으니 이제 모든 수치는 수정되어야 합니다. 그런데 수치는 변해도 통일이 경제적 효과를 가져오리라는 대략적인 전망은 변하지 않을 겁니다. 국내와 해외의 여러 기관이 비슷한 보고서를 내놓았는데 수치는 달랐지만 모두 경제적 효과가 클 것으로 전망했습니다.

통일이 가져올 경제적 효과를 기대하는 사람들은 남한과 북한의 큰 경제적 격차가 오히려 남한의 기업과 노동자에게 새로운 기회가 될 수 있다고 말합니다. 그에 따라서 북한도 빠르게 경제발전을 이룰 수 있다고 말합니다. 한마디로 '누이 좋고 매부 좋은' 일이니 통일을 하루라도 앞당기는 것이 나을 듯합니다. 그런데 우리가 놓친 것이 있습니다. 북한이 남한이 주도하고 남한의 경제적 효과를 강조하는 통일을 원하겠냐는 겁니다.

사실 남한과 북한은 통일의 구체적인 방법과 내용에 대해 한 번도 깊게 논의해본 적이 없습니다. 그래도 확실한 건 남한과 북한은 각각 자기에게 이익이 되는 통일을 원한다는 겁니다. 이익에는 당연히 경제적 이익이 포함됩니다. 남한과 북한의 경제 구조는 근본적으로 다릅니다. 우리가 얘기하는 경제적 효과는 남한 방식의 시장경제, 투자, 개발을 통해 얻어질 수 있습니다. 그런데 지금처럼 남북 관계가 좋지 않고 상호 신뢰가 없는 상황에서는 북한이 남한의 방식에 동의할 것으로 보이지는 않습니다. 북한은 통일과 경제 개발을 남한이 주도하면 그에 따라 입을 북한의 손해를 걱정할 수도 있습니다. 그러니 우리가 경제적 효과를 기대하며 통일을 얘기할 때는 반드시 북한의 입장과 시각에서도 생각해 봐야 합니다. 그래야 남한과 북한 모두가 원하는 방식을 고민할 수 있습니다.

3. 사회적 혼란을 불러올 것이다

통일에 반대하는 사람들 가운데 다수는 통일이 되면 긍정적인 일 보다는 부정적인 일이 더 많이 생길 거라고 걱정합니다. 사회가 혼란에 빠질 거라고 말합니다. 남한과 북한이 긴 시간 동안 분단되어 있었고 그 결과 모든 면에서 너무 다르기 때문이라는 거지요.

한반도가 남한과 북한으로 분단된 지 75년 이상이 됐습니다. 남한은 모든 면에서 매우 발전된 사회가 됐고 북한은 정치, 경제, 사회, 문화, 기술 모든 면에서 큰 발전을 이루지 못했습니다. 이런 차이는 남한과 북한 사람들의 생각, 태도, 행동에 차이를 만들었습니다. 그래서 남한과 북한 사람이 만나면 여러 가지 면에서 다른 점을 발견하게 됩니다. 통일 뒤에 생길 일을 걱정하는 사람들은 이렇게 다른 점이 사회적 혼란을 가져올 것이고 그런 부담을 안고서까지 통일을 할 필요는 없다고 생각합니다.

자연스럽게 굳어진 차이도 있습니다. 바로 언어와 관습입니다. 통일 뒤 사회적 혼란을 우려하는 사람들에게는 이 또한 걱정거리

남북 군사분계선을 가로지르는 '돌아오지 않는 다리'와 군사분계선 표지판.

입니다. 분단 이전에는 북한 지역의 말은 그저 하나의 방언이었을 뿐입니다. 그러나 75년의 세월이 지나면서 그 방언은 '북한말'이 되었습니다. 세월의 변화에 따라 정치, 경제, 사회, 문화 등에서 새로운 것들이 등장했고 그것들을 일컫는 북한만의 단어가 생겼습니다. 남한에서도 마찬가지였습니다. 그런데 남한과 북한 사이에 교류가 없어서 서로 이해할 수 없게 됐습니다. 정치·경제 구조가 다른 사회에서 살아왔으니 사람들의 태도와 행동도 다릅니다. 이런 차이는 자연스럽지만 그래도 남한과 북한 사람들의 소통을 어렵게 하고 오해를 만들 수 있는 원인 중 하나인 건 분명합니다.

통일에 반대하는 사람들이 걱정하는 또 다른 점은 경제적 부담입니다. 통일 뒤 남한이 부담해야 할 막대한 통일 비용에 대해 반대하는 겁니다. 통일 비용은 통일 직후부터 발생하게 되지만 통일이 가져오는 이익은 장기간에 걸쳐서 서서히 나타나게 됩니다. 그러니 당장 들어가야 하는 많은 세금은 자신이 부담해야 하는데 이익은 보지 못한다는 겁니다. 남한 지역과 북한 지역 사이 단절, 그리고 그에 따르는 사회 갈등을 걱정하기도 합니다. 남한이 통일 비용을 부담하면서 북한 지역을 개발하는 식의 통일은 사실상 남한에 의한 흡수통일에 가깝다고 말합니다. 남한 지역과 북한 지역의 경제적·사회적 차이는 수십 년 동안 계속될 것이고 제대로 통합되지 않을 수 있다고 걱정합니다. 무력 대결은 없어지겠지만 통일 전과 별반 다를 게 없는 상황이 된다는 거지요. 그 결과 남한 지역과 북한 지역, 그리고 남한 출신과 북한 출신 사이 사회적·경제적 계급 차이가 생기고 그로 말미암아 다양한 문제를 둘러싼 사회 갈등이 자주 생길 수 있다는 겁니다.

숲에서 살려낸 우리말

최종규 글
강우근 그림
숲노래 기획
216쪽 | 값 15,000원

세종도서 문학나눔
선정도서

마을에서 살려낸 우리말

최종규 글
강우근 그림
숲노래 기획
204쪽 | 값 13,000원

세종도서 문학나눔
선정도서

10대와 통하는 우리말 바로쓰기

최종규 글
호연 그림
272쪽 | 13,000원

아침독서 추천도서

10대와 통하는 새롭게 살려낸 우리말

최종규 글
강우근 그림
284쪽 | 14,000원

아침독서 추천도서

쉬운 말이 평화

최종규 글
248쪽 | 14,000원

학교도서관사서협의회
추천도서

---

❶ 글을 분명하게 쓰고 싶다면 **❷ 글을 간결하게 쓰고 싶다면** **❸ 글을 슬기롭게 쓰고 싶다면**

새로 쓰는 비슷한말 꾸러미 사전

비슷한말, 1100가지를 꾸러미로
엮어 새로 쓴 한국말사전

최종규 글 | 496쪽 | 25,000원

서울서점인이 뽑은 올해의 책
아침독서 추천도서

새로 쓰는 겹말 꾸러미 사전

잘못 쓰는 겹말, 1004가지를
돌림 풀이 없이 새로 쓴 한국말사전

최종규 글 | 764쪽 | 33,000원

아침독서 추천도서
학교도서관사서협의회 추천도서

새로 쓰는 우리말 꾸러미 사전

새로 가다듬은 804 낱말과
새로 엮은 1200 낱말 뜻풀이가
담긴 우리말 배움 사전

최종규 글 | 328쪽 | 20,000원

학교도서관사서협의회 추천도서

미래 세대를 위한 상상력 시리즈로 배우는
환경·생태·기후·과학 이야기

(1)(2)(3)(4)

미래 세대를 위한 키워드 기후 위기 이야기

30가지 키워드로 살펴본 기후 위기 이야기

이상수 글 | 180쪽
15,000원
학교도서관사서협의회
추천도서

미래 세대를 위한 우리 새 이야기

170여 종의 새들과 300여 장의 사진으로 배우는 새 이야기

김성현 글·사진
188쪽 | 18,000원
한국학교사서협회 추천도서

미래 세대를 위한 기후 위기를 이겨 내는 상상력

지구 생태계를 살리기 위한 상상력 이야기

안치용 글 | 180쪽
15,000원
인디고서원 추천도서

미래 세대를 위한 채식과 동물권 이야기

건강하고 행복한 지구를 만들기 위한 실천

이유미 글 | 장고딕 그림
160쪽 | 15,000원
학교도서관사서협의회
추천도서

(5)(6)(7)(8)(9)

미래 세대를 위한 인공지능 이야기

인공지능 시대에 무엇을 준비해야 할까요?

배성호, 정한결 글
방승조 그림
160쪽 | 15,000원
아침독서 추천도서

미래 세대를 위한 녹색 특강

아홉 가지 주제를 통해 살펴본 녹색 미래

박병상 글 | 160쪽
15,000원
어린이도서연구회
추천도서

미래 세대를 위한 우주 시대 이야기

우주를 아는 만큼 삶이 달라진다

손석춘 글 | 200쪽
15,000원
학교도서관저널
추천도서

미래 세대를 위한 지구를 살리는 급식 이야기

선생님, 오늘 급식이 뭐예요?

민은기, 배성호 글
132쪽 | 15,000원

미래 세대를 위한 동물권 이야기

열다섯 가지 주제로 살펴본 동물 권리

이유미 글 | 140쪽
15,000원

10대를 위한 책도둑 시리즈로 배우는
평화와 인권의 징검다리

> 10대를 위한 책도둑 시리즈는 계속 출간됩니다

철수와영희 그림책 시리즈로 배우는
어린이가 처음 만나는 생태와 환경

05

우리 학교 텃밭

초등학교에서
많이 심는 채소 9종과
곡식 3종 가꾸기

노정임 글 | 안경자 그림
64쪽 | 13,000원
환경정의 어린이 환경책
권장도서

06

무지개 욕심 괴물

어린이를 위한 탈핵 이야기
김규정 글·그림
60쪽 | 12,000원
아침독서 추천도서

07

밀양 큰할매

어린이를 위한 인권 이야기
김규정 글·그림
44쪽 | 12,000원
어린이도서연구회 추천도서

11

멸종 동물
소원 카드
배달 왔어요

우리나라 멸종 위기
동물들의 생활사
윤은미 글 | 김진혁 그림
52쪽 | 16,000원
학교도서관저널 추천도서

철수와영희 그림책 시리즈는 계속 출간됩니다

❶ 애벌레가 들려주는 나비 이야기
봄에 만난 아홉 마리 나비의 한살이와 생태

❷ 소금쟁이가 들려주는 물속 생물 이야기
여름철 둠벙에서 만난 곤충과 물풀 들의 한살이와 생태

❸ 무당벌레가 들려주는 텃밭 이야기
가을에 거두는 열 가지 텃밭 작물의 한살이와 생태

❹ 겨울눈이 들려주는 학교 숲 이야기
겨울철 학교에서 만난 나무의 한살이와 생태

❺ 우리 학교 텃밭
초등학교에서 많이 심는 채소 9종과 곡식 3종 가꾸기

❻ 무지개 욕심 괴물
어린이를 위한 탈핵 이야기

❼ 밀양 큰할매
어린이를 위한 인권 이야기

❽ 우리 학교 장독대
학교에서 쉽게 담그는 간장과 된장

❾ 내가 끓이는 생일 미역국
고은정 선생님에게 배우는 어린이 생활 요리

❿ 내가 담그는 뚝딱 고추장
어린이도 쉽게 담글 수 있는 전통 양념 고추장

⓫ 멸종 동물 소원 카드 배달 왔어요
우리나라 멸종 위기 동물들의 생활사

철수와영희 생명수업 첫걸음 시리즈

파브르에게 배우는
식물 이야기

어린이 눈높이에 맞추어
다시 쓴 파브르 식물기

노정임 글 | 안경자 그림
이정모 감수·추천 | 156쪽 | 18,000원

미래창조과학부 우수과학도서
어린이도서연구회 추천도서

조영권이 들려주는
참 쉬운 곤충 이야기

220여 컷의 사진으로 배우는
곤충의 생태

조영권 글·사진 | 160쪽 | 18,000원

세종도서 교양부문 선정도서
학교도서관저널 추천도서

김성현이 들려주는
참 쉬운 새 이야기

300여 컷의 사진으로 배우는
새들의 생태

김성현 글·사진 | 156쪽 | 18,000원

과학기술정보통신부인증 우수과학도서
어린이도서연구회 추천도서

철수와영희 어린이 교양 시리즈

동물과 식물 이름에
이런 뜻이?!

어원과 생태를 함께 보는
동식물 이야기

이주희, 노정임 글 | 안경자 그림
200쪽 | 값 13,000원

아침독서 추천도서
학교도서관사서협의회
추천도서

야생 동물은
왜 사라졌을까?

우리나라 멸종 동물
22종 이야기

이주희 글 | 강병호 그림
164쪽 | 값 13,000원

환경부 우수환경도서
어린이도서연구회
추천도서

선인장은 어떻게
식물원에 왔을까?

도시공원에서 만나는
생태 이야기

정병길 글 | 안경자 그림
172쪽 | 값 13,000원

과학기술정보통신부인증
우수과학도서
학교도서관사서협의회
추천도서

도시에서 만난
야생 동물 이야기

열두 동물로 살펴보는
도시 생태 이야기

정병길 글 | 안경자 그림
152쪽 | 값 13,000원

세종도서 교양부문 선정도서
아침독서 추천도서

10대를 위한 인문학 특강 시리즈로 배우는

교과서 밖 평등·평화·인권

길담서원 청소년 인문학교실 시리즈

어린이 책도둑 시리즈로 배우는
쉽고 재미있는 인문·사회·생태·과학

어린이 책도둑 시리즈는 계속 출간됩니다.

독일의 사례는 이런 걱정이 근거가 있음을 보여 줍니다. 독일은 서독이 동독을 흡수하는 식의 통일을 하고 통일 비용도 전부 서독이 부담했습니다. 그런데 통일이 되고 33년이 지난 2023년 말 구 동독 주민의 1인당 GDP는 구 서독 주민의 80퍼센트 수준이었습니다. 구 동독 지역은 여전히 경제적으로 구 서독 지역에 뒤처져 있고 그런 이유로 구 동독 주민 중에는 지금도 자신이 2등 시민 취급을 받는다고 생각하는 사람들이 많습니다. 2023년 독일 공영 방송인 ZDF에서 실시한 조사에 따르면 구 동독 지역 국민의 약 50퍼센트가 여전히 '2등 시민' 취급을 받는다고 느끼는 것으로 나타났습니다. 동독 출신과 서독 출신 사이에 보이지 않는 장벽이 있고 동독 출신에 대한 차별도 있습니다. 동독 출신으로 독일 최장수 총리를 지낸 메르켈 총리조차 이 점을 언급했습니다. 그녀는 2023년 10월 ZDF와의 인터뷰에서 동독 출신 정치인으로서 차별을 느꼈다고 털어놓았습니다. 우리에게도 비슷한 일이 일어나지 않으리라 장담할 수 없다고 통일 뒤의 사회적 혼란과 갈등을 걱정하는 사람들은 말합니다.

긴 세월을 지나면서 굳어진 남한과 북한의 차이, 통일 뒤의 사회 갈등과 차별 등은 충분히 걱정할 만한 일입니다. 그렇다고 아

독일이 통일되기 전 동독과 서독을 분리한 베를린 장벽(베를린 크로이츠베르크, 1986년).

예 극복할 수 없는 건 아닙니다. 접촉이 많아지고 상호 이해가 높아지면 서로 조금씩 적응해 나갈 수 있습니다. 다른 문화권의 사람들이 만나 친구가 되거나 가정을 이룰 때처럼 말입니다. 정책, 법, 교육 등을 통해 차별을 줄일 수 있고 사회 갈등을 해결할 방법도 찾을 수 있습니다. 경제적 부담과 관련해서는 통일 비용과 분단 비용을 함께 생각해 봐야 합니다. 분단 비용은 남한과 북한이 분단과 대결을 유지하면서 쓰는 군사비, 외교비, 경제적 기회 상실 비용 등을 말합니다. 수치로 따질 수 없지만 더한 비용도 있습니다. 남한과 북한 국민이 매일 느끼는 불안감과 사회의 이념 대결로 생기는 일상의 스트레스 등이 그것입니다. 통일이 되면 남한과 북한이 지출하는 막대한 군사비가 줄고 정치적 대결 때문에 지출되는 외교비도 줄어들 겁니다. 새로운 경제적 기회가 만들어질 수 있고 분단과 대결 때문에 생긴 심리적·정신적 불안과 스트레스는 사라질 수 있습니다. 이 모든 것을 비교하면 통일 비용이 분단 비용보다 적을 수 있습니다. 통일이 가져올 부정적 영향을 생각할 때 이런 점도 함께 생각해 봐야 합니다.

4. 통일을 반드시 해야 하는 걸까?

헌법에 "대한민국은 통일을 지향하며"라고 쓰여 있다고 해서 모든 국민이 반드시 통일을 지지해야 하는 건 아닙니다. 누구도 통일에 찬성하라고 강요할 수 없습니다. 대한민국은 민주주의 국가니까요. 통일에 찬성하는 사람들은 국민의 반 정도고 나머지 반 정도는 통일에 반대하거나 무관심한 사람들입니다. 그런데 통일에 찬성하지 않는 사람들이 많다고 해서 통일에 대해 얘기하지 않을 수도 없습니다. 한반도에 과거 한 국가였던 남한과 북한이 있는 한, 그리고 남한과 북한이 계속 군사적으로 대결하고 있는 한 말입니다. 통일은 남한과 북한의 대결을 끝낼 수 있는 가장 좋은 해결책입니다. 문제는 통일이 쉽지 않다는 겁니다. 통일이 우리 삶을 정말 더 낫게 만들지 그 반대일지도 알 수 없습니다. 무엇보다 남북 관계가 개선되지 않는 상황에서 남한과 북한이 통일을 계속해서 얘기할 수 있을지 의문입니다.

통일은 남한과 북한이 합의해야 가능합니다. 그리고 그 전에 우리 사회의 합의가 있어야 합니다. 그러므로 통일에 대한 찬성, 반대, 무관심 등 모든 의견을 놓고 함께 토론해야 합니다. 토론을 하는 이유는 반드시 '통일을 해야 한다'에 합의하기 위해서가 아니라 다양한 의견을 나누고, 서로의 차이를 확인하고, 모두에게 좋은 선택을 하기 위해서입니다.

　통일에 대해 토론할 때 반드시 다뤄야 할 주제 중 하나는 통일의 이유입니다. 통일에 찬성하는 사람 중 대다수는 남한과 북한이 원래 한 국가였고 같은 민족이니 당연히 통일을 해야 한다고 얘기합니다. 그런데 통일에 반대하는 사람 중 대다수는 과거에 남한과 북한이 한 국가였지만 75년 이상 분단되어 살아왔기 때문에 억지로 통일할 필요는 없다고 얘기합니다. 통일을 당연한 것으로, 또는 당연하지 않은 것으로 생각하는 서로 다른 의견이 있는 겁니다. 그런데 통일에 반대하는 사람 중에도 많은 수는 꼭 통일을 해야 한다면 '같은 민족'이 통일의 이유가 될 수 있다고 말합니다. 하지만 이들이 가장 관심을 가지는 이유는 따로 있습니다. 그것은 바로 남한과 북한 사이 전쟁 위협을 없애는 겁니다. 서울대 통일평화연구원의 『2022 통일의식조사』에 따르면 통일이 '별로 필요하지 않다'고 응답한 사람 중 41.0퍼센트가, 그리고 '전혀 필요하지 않다'고 응답한 사람 중 35.9퍼센트가 통일이 되어야 하는 이유를 '전쟁 위협을 없애기 위해서'라고 했습니다. 통일을 해야 한다면 '같은 민족이니까'라는 이유보다 전쟁 위협을 없애는 것이 가장 큰 이유가 되어야 한다는 겁니다. 그런데 통일에 찬성하는 사람들도 전쟁 위협을 없애는 것이 통일의 중요한 이유 중 하나가 될 수 있다고 응답했습니다. 그리고 통일이 '매우 필요하다'는 사람 중 19.2퍼센트가, '약간 필요하다'는 사람 중 26.8퍼센트가 같은 민족 다음의 이유로 전쟁 위협 제거를 선택했습니다. 그러므로 통일에 찬성하거나 반대하는 사람들이 '같은 민족'과 '전쟁 위협 제거'라는 두 가지 이유를 놓고 토론을 하면 서로를 더 잘 이해할 수 있을 겁니다.

통일에 반대하는 사람들이 걱정하는 경제적 부담을 전쟁 위협과 함께 생각해 볼 수도 있습니다. 전쟁 위협의 제거는 남한과 북한이 무력 대결과 경쟁을 중단하는 것을 말합니다. 그렇게 되면 남한과 북한 모두 국방 예산을 획기적으로 줄일 수 있습니다. 남한의 국방 예산은 전체 정부 예산의 약 9퍼센트, 전체 GDP의 2.7퍼센트 정도를 차지합니다. 다른 나라에 비하면 매우 높은 수준입니다. 북한의 국방 예산은 전체 정부 예산의 16퍼센트, 전체

GDP의 24퍼센트 정도입니다. 남한과 북한의 국방 예산은 약 10배 차이가 납니다. 물론 남한의 예산이 훨씬 더 많다는 얘깁니다. 이 것은 남한과 북한이 군사적 대결을 강화하고 무력 경쟁을 계속했기 때문에 생긴 결과입니다. 통일을 하고 전쟁 위협이 사라지면 이런 막대한 규모의 국방 예산이 필요하지 않게 됩니다. 국가 재정에 여유가 생겨 통일 뒤의 경제적 부담을 줄일 수 있습니다. 국방 예산 축소는 결국 통일이 가져올 경제적 효과가 됩니다. 막대한 규모의 국방 예산 지출 문제를 통일에 대한 찬성 또는 반대 의견과 함께 토론해 볼 수 있습니다.

통일이 되면 당연히 좋은 점과 나쁜 점이 있을 겁니다. 한 영역에서는 좋은 점이 다른 영역에서는 나쁜 점이 될 수 있습니다. 예를 들어 북한 지역의 경제 개발은 경제적으로 이익이겠지만 남한 주도의 경제 개발에 북한 주민들이 반발하고 그 결과 사회 갈등이 생길 수도 있습니다. 적대 관계가 사라지고 국방 예산은 줄겠지만 남한 출신과 북한 출신 사이에 감정의 골과 경쟁 의식이 생기고 편이 갈라져 사회적 불안이 높아질 수도 있습니다. 우리가 전혀 예상하지 못한 일이 생길 수도 있고 그러면 통일을 하지 않는 편이 나았다고 후회할 수도 있습니다. 그러므로 우리가 해야 할 일은 가까운 미래에 통일을 하든 하지 않든 상관없이 남한과 북한 사이 관계를 개선하고 남북 교류를 통해 서로에 대한 이해를 높이는 것입니다. 점차 변화를 만들어 가면 통일의 필요를 생각할 때 도움이 되고 통일을 선택한다면 그 후에 생길 문제를 줄일 수 있습니다. 그러기 위해 통일과 관련된 다양한 의견, 다양한 문제를 다양한 사람들과 함께 얘기하고 고민해 봐야 합니다.

2
어떤 통일을 할 수 있을까?

1. 통일은 정말 가능한 걸까?

통일은 언제쯤 가능할까요? 이런 질문은 부질없다고 생각하는 사람이 많습니다. 가장 큰 이유는 현재는 통일의 징조가 전혀 없기 때문이고, 또 다른 이유는 남한과 북한의 관계를 보면 전혀 가능하지 않을 것으로 보이기 때문입니다. 통일을 얘기하려면 적어도 남한과 북한이 문제가 있을 때마다 접촉하고 대화하는 관계여야 하는데 전혀 그렇지 않습니다. 오히려 반대로 서로 대립하면서 적으로 대하고 있습니다.

남북 관계는 한국전쟁 이후 악화일로였습니다. 그러다가 남한과 북한이 1972년 첫 회담을 했고 〈7·4 남북 공동 성명〉을 발표했습니다. 그러나 남한과 북한 모두 진정성이 없었고 박정희 대통령과 김일성 주석은 남북 회담을 각자의 정치에 이용했습니다. 남북 관계에 획기적 변화를 가져온 남북 대화가 시작된 건 2000년이었습니다. 김대중 대통령이 평양을 방문해 김정일 국방위원장을 만나 6월 13~15일에 첫 남북 정상회담을 가졌습니다. 우리 사회는 이를 대대적으로 환영했고 한반도 평화와 통일에 대한 기대가 높아졌습니다. 김대중 정부는 '햇볕 정책'을 통해 군사적 긴장 완화와 북한과의 경제 협력에 많은 성과를 냈습니다. 특히 1998년 시작된 금강산 관광과 남북 정상회담 이후 설립을 시작해 2004년 완공한 개성공단은 가장 주요한 경제 협력 사례였습니다. 그러나 금강산 관광은 2008년 7월에 중단됐고 개성공단은 2016년 2월 폐쇄됐습니다. 이런저런 사정이 있었으나 중단과 폐쇄 결정은 모두 우리 정부가 내린 것이었습니다.

2차 남북 정상회담은 2007년 10월 2~4일에 평양에서 노무현 대통령과 김정일 국방위원장의 만남으로 이뤄졌습니다. 노무현 대통령은 걸어서 남북 군사분계선을 넘었고 평양–개성 고속도로를 달려 평양으로 갔습니다. 그러나 2008년 새로운 정부가 들어서고 나서 남북 관계는 급속도로 냉각됐고 2017년까지 10년 동안 예전의 대결 관계로 되돌아갔습니다. 남북 관계의 악화로 2013년과 2017년에는 전쟁 위기까지 있었습니다.

2017년 전쟁의 위기가 극에 달했을 때는 다행히 2018년 평창 동계올림픽을 계기로 극적인 변화가 있었습니다. 2018년 4월 27일에는 판문점에서 10년 6개월 만에 다시 남북 정상회담이 열렸습니다. 〈한반도의 평화와 번영, 통일을 위한 판문점 선언〉에서 남한과 북한은 군사적 긴장 완화, 전쟁 위험 해소, 군사적 적대 행위 전면 중지 등을 합의했습니다. 그리고 "핵 없는 한반도"를 만드는 것을 공동 목표로 확인했습니다. 5월 26일에는 판문점 북쪽 지역에서 두 시간 동안의 짧은 남북 정상회담, 그리고 9월 19~20일에는 평양에서 다시 남북 정상회담이 열렸습니다.

2018년에 세 번의 남북 정상회담을 했지만 2019년부터 남북 관계는 다시 나빠졌습니다. 가장 중요한 원인은 2019년 2월 베트남 하노이에서 열렸던 2차 북미 정상회담의 실패였습니다. 북한은 핵심적인 핵무기 개발 시설을 포기하는 대신 미국이 대북 제재, 즉 북한의 세계 경제 활동을 제한하는 조치를 끝내 주길 원했습니다. 그러나 미국은 북한에게 영변에 있는 핵 시설과 더불어 모든 핵무기 연구 개발 및 제조 시설을 폐기할 것을 요구했습니다. 서로의 생각과 요구가 맞지 않았던 겁니다. 남북 정상회담과 북미 정상회담을 통해 핵무기를 포기하더라도 안전을 보장받고 경제 발전을 원했던 북한은 더는 남한, 그리고 미국과 대화를 할 이유가 없다고 생각했습니다. 남북 관계는 결국 회복되지 못했고 북한은 핵무기와 미사일 개발에 박차를 가했습니다.

북한이 공개한 신형 대륙간탄도미사일 '화성-17형'을 시험 발사하는 장면(2022년 3월).

2022년 5월 새 정부가 들어서면서 남북 관계는 더 악화됐습니다. 정부는 이전 정부의 남북 대화와 신뢰 구축 시도를 '실패'로 보고 대북 강경 정책을 선택했습니다. 북한은 핵무기 완성을 위해 빈번하게 미사일 발사 실험을 했습니다. 남한과 북한의 강대강 대결이 계속됐고 남북 관계는 악화를 넘어 얼어붙었습니다. 이런 변화를 가장 잘 보여준 건 2023년 2월에 발간된 『2022 국방백서』였습니다. 국방백서는 "북한 정권과 북한군은 우리의 적"이라고 규정했습니다. 이처럼 북한을 적으로 규정하는 표현은 2016년 이후 6년 만이었습니다. 이전 국방백서는 "대한민국의 주권, 국토, 국민, 재산을 위협하고 침해하는 세력을 우리의 적"으로 정의했었습니다. 북한도 남한을 '불변의 주적'이라며 싸워야 할 상대라고 강조했습니다.

남북 관계가 최악이고 개선될 기미가 보이지 않는 데 통일이 가능할까요? 차라리 통일을 하지 않는 편이 더 낫지 않을까요? 남한과 북한 모두 통일을 전혀 준비하지 않고 관심도 없는 것처럼 보이니 말입니다. 그래서인지 우리 사회에 당장 통일이 가능하다고 생각하는 사람은 많지 않습니다. 많은 사람이 '여건이 성숙되지 않으면 통일을 할 수 없다' 또는 '여건이 성숙되지 않은 상황에서의 통일에는 반대한다'고 말합니다. 준비되지 않은 통일에 대한 거부감과 두려움이 있는 겁니다. 그렇다면 통일은 절대 불가능하다고 생각하는 걸까요? 꼭 그렇지도 않습니다. 준비가 잘 되고 여건이 성숙된 후의 통일에는 찬성한다는 의미이기도 하니까요. '통일은 가능할까?'라는 질문에 대한 답은 '예'도 '아니오'도 될 수 있습니다. 그것을 결정짓는 건 변화하느냐 변화하지 않느냐에 달렸습니다.

2. 하나의 체제로 통일이 가능할까?

통일이 무엇인지 물으면 대다수가 남한과 북한이 하나의 국가가 되는 것, 즉 한반도에 하나의 국가가 생기는 것이라고 대답합니다. 그러면 자연스럽게 '현재의 남한과 북한은 완전히 다른 정치·경제 체제를 가지고 있는데 새로운 국가는 어떤 체제가 되어야 할까?'라는 질문이 떠오릅니다. 체제는 사회가 일정한 원리에 따라 움직일 수 있게 하는 정치·경제 방식을 말합니다.

앞 장에서 언급한 통일평화연구원의 『2023 통일의식조사』에서는 희망하는 통일된 국가의 체제에 대해 질문했습니다. 그랬더니 응답자 중 49.4퍼센트가 남한 체제의 유지를 희망했습니다. 남한 체제로 한 체제를 만드는 통일을 원한다고 답한 겁니다. 남한과 북한 체제의 절충을 희망한다는 응답은 27퍼센트였습니다. 남한과 북한 두 체제를 유지하길 희망하는 비율도 21.9퍼센트나 됐습니다. 남한 체제 유지를 원하는 사람이 많은 건 충분히 이해할 수 있습니다. 우리 입장에서는 현재의 정치·경제 체제가 익숙하고 편하니까요. 또 남한의 자본주의 체제가 북한의 공산주의 체제보다 우월하다고 생각하니까요. 덧붙여 남한이 정치적, 경제적, 사회적으로 더 발전됐고 통일 비용도 더 많이 부담할 것이니 남한 체제로 통일하는 게 당연하다고 생각합니다.

많은 전문가 또한 남한 체제로 하나의 체제를 만드는 통일을 해야 한다고 주장합니다. 두 가지 이유 때문입니다. 하나는 많은 사람이 생각하는 것과 같이 남한 체제가 우월하고 성공했으니 당연하다는 겁니다. 북한 체제는 정치적, 경제적으로 실패한 체제인데 그런 체제로 통일할 수는 없다는 것이죠. 다른 하나는 통일을 해야 하는 중요한 이유 중 하나는 한반도에 통일된 강국을 만드는 것인데 성공한 남한의 정치·경제 체제가 아니고는 그 목표를 달성할 수 없다는 겁니다. 또 강국이 되기 위해서는 한 체제를 만들어야 한반도에 평화가 보장되고 번영할 수 있다고 말합니다. 그러니 되도록 빨리 남한의 체제로 통일해야 하고 그래야 빠른 시일 내에 통일의 경제적 효과를 볼 수 있다고 강조합니다.

한 체제로 통일해야 한다는 주장의 내용은 두 가지로 정리될 수 있습니다. 하나는 통일은 하나의 정치·경제 체제를 만드는 것이어야 하고 그 체제는 남한 체제가 되어야 한다는 것입니다. 다른 하나는 결국 남한이 북한을 흡수하는 방식의 통일이 되어야 한다는 것입니다. 이것은 우리에게는 최고의 시나리오처럼 보입니다. 익숙한 정치·경제 체제를 포기하지 않아도 되고 통일 뒤 변화된 사회에 적응하는 데도 큰 어려움을 겪지 않을 테니 말입니다. 그런데 이와 관련해서는 생각해 봐야 할 점이 있습니다. 우선 통일이 꼭 곧바로 '한 체제를 만드는 것이어야 할까?' 하는 것입니다. 통일과 통일의 방식은 남한과 북한, 그리고 양쪽의 국민이 선택해야 합니다. 그러니 통일의 방식은 여러 가지가 있을 수 있습니다. 물론 국민의 동의를 받아 남한과 북한이 통일에 합의하고 바로 한 체제로 통일할 수 있습니다. 그런데 현재로선 그게 거의 불가능해 보이고 앞으로도 장담할 수 없습니다. 우리가 우리의 정치·경제 체제를 원하는 것처럼 북한도 자기들의 정치·경제 체제를 원하기 때문입니다. 북한 정권은 몰라도 북한 사람들은 그렇지 않을 거라고 생각할 수 있지만 그 또한 누구도 장담할 수 없습니다. 반드시 북한 체제를 지지해서가 아니라 익숙한 것을 포기하는 게 누구나 쉽지 않기 때문입니다. 또 남한 체제를 수용하는 건 결국 남한에 굴복하는 거라고 생각할 수도 있습니다.

남한이 북한을 흡수하는 통일과 관련해서는 두 가지 질문을 할 수 있습니다. 하나는 '흡수통일이 가능할까'이고, 다른 하나는 '흡수통일이 과연 최선일까'입니다. 우리가 자주 참고하는 독일의 경우 서독이 동독을 흡수하는 통일을 했습니다. 그것은 동독이 원했던 것이었고 정치적 절차를 통해 이뤄졌기 때문에 당연히 아무런 문제가 없었습니다. 그러나 남한과 북한의 상황은 다릅니다. 우선 북한은 흡수통일을 원하지 않습니다. 남한과 북한의 강대강 대결이 계속되고 있던 2023년 3월에 북한은 우리 통일부를 향해 "흡수통일의 개꿈"을 꾸고 있다고 비난했습니다. 우리 정부도 공식적으로 흡수통일을 고려하지 않고 있습니다. 그러나 우리 정부가 북한 체제를 비판하고 문제 개선을 주장한 데 대해 북한 체제를 없애고 남한 체제로의 통일을 주장하는 것이라고 해석한 겁니다. 북한이 거부하면 흡수통일은 불가능합니다. 상대가 거부하는 방식의 통일은 절대 최선이 아니고 차선도 될 수 없습니다. 설사 통일이 된다고 해도 정치적, 사회적 혼란이 극심할 것이고 남한 지역과 북한 지역 사이 심각한 갈등이 생길 테니까요.

통일을 한다면 한 체제의 한 국가를 만들어야 하고, 무엇보다 남한이 통일 비용을 댄다면 당연히 흡수통일이 가능하다고 생각할 수 있습니다. 그러나 북한이 통일 비용을 전혀 대지 못할 거라는 생각은 논리적이지 않습니다. 통일 뒤 경제 발전을 위해 북한 지역의 천연자원을 개발하고, 노동력을 이용하고, 토지를 사용하게 된다면 그것이 북한이 대는 통일 비용이 됩니다. 중요한 것은 통일 비용과 상관없이 어느 한쪽이 원하는 통일이 아니라 양쪽이 원하는 통일을 고민해야 한다는 겁니다. 통일에는 여러 방식이 있을 수 있으므로 다양한 상상을 해 봐야 합니다.

3. 두 체제가 평화적으로 공존이 가능할까?

많은 사람이 통일이 현실적으로 불가능해 보여서, 또는 통일 뒤의 사회가 더 좋을 거라는 보장이 없다고 생각해서 통일에 반대합니다. 그런데 통일에 찬성하지 않는 사람들도 아예 북한에 무관심할 수는 없습니다. 북한은 유일하게 우리와 육지로 연결된 이웃 국가이고 공식적으로 우리와 적대 관계에 있는 국가니까요. 그래서 남한과 북한은 오히려 항상 서로 주시하는 관계입니다. 남한에 사는 우리는 북한의 태도와 행동이 우리의 안전과 안녕을 좌우한다고 생각하고, 북한에 사는 사람들도 마찬가지로 생각합니다. 적대 관계는 오히려 남한과 북한이 절대 끊어 낼 수 없는 운명임을 말해 줍니다.

남한과 북한이 운명처럼 얽혀 있다는 건 인정하지만 통일은 어렵다고 생각하기 때문인지 많은 사람이 남한과 북한의 평화적 공존이 서로를 위해 가장 좋은 선택이라고 생각합니다. 통일연구원의 『KINU 통일의식조사 2022』에 따르면 "남북한이 전쟁 없이 평화적으로 공존할 수 있다면 통일은 필요 없다"에 동의한 비율은 56.9퍼센트로 아주 높았습니다. 동의하지 않는 비율은 20.6퍼센트에 그쳤습니다. 동의도 비동의도 아닌 비율은 22.5퍼센트였습니다. 통일이라는 불확실한 미래보다 전쟁 부재와 평화적 공존이 보장된다면 그것이 훨씬 좋다고 생각한 겁니다.

평화적 공존은 통일과 상관없이 우리에게 꼭 필요합니다. 만일 조사에서 '남북한의 평화적 공존이 필요하다'고 생각하는지 물었다면 역시 많은 사람이 동의했을 겁니다. 남한과 북한이 적대 관계와 군사적 대결을 계속하면 안전하게 살 수 없으니까요. 그런데 평화적 공존은 결국 통일에 도움이 됩니다. 적대 관계의 종식과 평화적 공존 없이 통일은 불가능하니까요. 평화적 공존은 남한과 북한이 서로를 군사적, 정치적으로 공격하지도 비난하지도 않는 상태를 말합니다. 나아가 모두에게 이익이 되는 일을 발굴해 협력하고 평화적 관계를 유지하고 강화하기 위해 적극적으로 교류하는 상태를 말합니다. 이런 평화적 공존은 곧 통일의 과정이 됩니다.

전문가들을 포함해 많은 사람이 통일을 위해서는 남한과 북한 두 체제의 평화적 공존 기간이 필요하다고 주장합니다. 거기에는 여러 가지 이유가 있습니다. 가장 큰 이유는 우리가 지금은 통일할 준비가 전혀 되어 있지 않기 때문입니다. 통일을 고려한다면 북한과의 적대 관계를 끝내고 우호적인 관계를 만들어야 하는데 우리는 그러지 못하고 있습니다. 남한과 북한 사이 교류도 없어서 상호 이해가 높아지지도 않습니다. 남한과 북한에 사는 대다수는 한국전쟁 이후에 태어났고 70년 이상의 단절로 인해 서로를 알지 못합니다. 서로에 대한 반감도 큽니다. 이런 상황에서는 통일을 얘기할 수 없고 상호 이해와 신뢰를 쌓을 시간이 필요합니다. 또 다른 중요한 이유는 통일을 위해서는 남한과 북한의 경제적 차이를 줄여야 하기 때문입니다. 현재처럼 경제적 차이가 큰 상황에서는 남한은 막대한 통일 비용을 부담해야 하고 북한은 남한과 동등한 위치에서 통일 논의를 하기 힘듭니다. 그런데 적대 관계가 종식되고 평화적 공존이 이뤄지면 북한은 스스로 경제를 발전시킬 시간을 가질 수 있습니다. 남한과 북한 사이에 신뢰가 쌓이면 경제 협력과 공동 개발 사업 등도 가능해질 겁니다. 북한의 경제 발전이 지속되면 남한과 북한의 경제적 차이는 점차 줄어들게 되고 양측이 비슷한 위치에서 통일을 논의하고 세부 사항을 협상할 수 있습니다.

한 체제의 통일을 주장하는 사람들은 두 체제의 평화적 공존은 불가능하다고 말합니다. 공산주의 체제이자 독재 체제인 북한을 인정할 수 없고 그런 체제는 한반도에서 하루빨리 사라지게 해야 한다고 말합니다. 그런데 북한 체제를 우리가 싫어하는 것과 상관없이 북한은 엄연히 존재하고 체제를 유지하고 있습니다. 더군다나 통일을 생각한다면 북한의 존재를 인정해야 합니다. 그리고 우리는 중국, 베트남, 라오스, 쿠바 같은 공산주의 체제의 국가와 외교 관계를 맺고 경제 협력도 활발하게 하고 있습니다. 심지어 중국은 핵무기까지 가지고 있지만 우리는 중국의 핵무기가 우리를 위협한다고 생각하지는 않습니다. 왜 그럴까요? 중국과는 적대 관계가 아니고 우리의 이익을 위해 중국과 평화적으로 공존해야 한다고 생각하기 때문입니다. 그렇다면 우리의 안전과 이익을 위해서 북한과도 그런 관계를 만들어야 합니다. 결국 남한과 북한 두 체제의 평화적 공존은 통일을 염두에 두지 않아도 필요하고 통일을 염두에 둔다면 반드시 필요한 과정입니다.

두 체제의 평화적 공존은 가장 바람직한 통일 방식이자 과정일 수 있습니다. 가장 현실적인 접근일 수도 있습니다. 통일은 억지로 할 수 있는 것이 아니고 남한과 북한의 합의가 필요한데 서로에 대해 알지 못하고 불신과 적대감이 높은 현재 상황에서는 불가능하기 때문입니다. 평화적 공존의 과정을 거친다면 통일의 부정적 효과는 줄이고 긍정적 효과는 높일 수 있습니다. 그런데 평화적 공존이 정말 가능할지, 언제쯤에나 가능할지는 의문입니다. 남한과 북한이 평화적 공존을 진지하게 논의할 기회를 정말 만들 수 있을지도 의문입니다.

4. 통일은 무엇보다 과정이 중요하다

우리 헌법 제3조는 "대한민국의 영토는 한반도와 그 부속 도서로 한다"고 명시하고 있습니다. 헌법에 따르면 남한 지역과 북한 지역, 그리고 한반도 해역에 있는 모든 섬까지가 모두 대한민국 영토입니다. 이렇게 우리 헌법은 북한을 국가로 인정하지 않고 있습니다. 북한은 조선로동당 규약 전문에서 "전국적 범위(한반도)에서 민족해방 민주주의혁명 과업" 수행을 명시하며 남한을 해방의 대상으로 보고 남한의 실체를 부인했습니다. 그런데 2021년 1월 북한은 이 구절을 "전국적 범위에서 사회의 자주적이며 민주주의적인 발전을 실현"하겠다로 바꾸었습니다. 과거처럼 남한을 "혁명"을 통해 바꿔야 할 대상으로 삼지는 않았지만 남한을 있는 그대로 인정한다는 건지는 분명하지 않습니다. 다만 남북 관계를 보면 변한 것은 없어 보입니다.

그런데 남한과 북한은 이미 오래전 서로의 존재를 사실상 인정했습니다. 1991년 12월 13일 체결된 〈남북 기본 합의서〉를 통해

〈남북 기본 합의서〉에 서명하는 남한의 정원식 총리와 북한의 연형묵 총리.

"남과 북은 서로 상대방의 체제를 인정하고 존중한다"고 합의했습니다. 다만 둘의 관계를 국가와 국가 사이의 관계가 아닌 통일을 지향하는 "특수 관계"라고 정의했습니다. 이보다 전인 1991년 9월 17일 남한과 북한은 동시에 유엔에 가입했고 국제 사회에서 각각의 국가로 인정받았습니다. 국가를 구성하는 기본 요소는 국민, 영토, 주권입니다. 북한이 국제 사회가 인정하는 국가이니만큼 설사 우리 헌법에 대한민국 영토로 규정되어 있다고 해도 북한 지역은 우리 영토에서 제외될 수밖에 없습니다. 실제 우리는 한반도 전체 영토에 대한 권리를 주장하고 있지도 않습니다. 남한과 북한은 통일을 지향하는 '특수 관계'이긴 하지만 동시에 별개의 국가입니다.

두 개의 국가가 통일을 하는 건 매우 어려운 일입니다. 관계가 나쁘지 않아도 생각과 구체적인 이익이 맞아야 하기 때문입니다. 그런데 남한과 북한은 적대 관계를 유지하면서 무력 대결과 경쟁을 해 오고 있습니다. 통일에는 매우 좋지 않은 조건입니다. 더 안좋은 건 우리 사회에 통일에 대한 합의가 없고 정치인들과 전문가들은 서로 다른 주장을 고집하면서 대립하고 있다는 점입니다. 그 다른 주장이 바로 앞에서 얘기한 한 체제로의 통일과 두 체제의 평화적 공존입니다.

한 체제로의 통일은 매우 타당하고 당연한 주장으로 들립니다. 그런데 문제는 이런 주장을 하는 사람들의 관심이 주로 남한이 주도하고 북한 체제를 없애는 통일, 북한을 흡수하는 통일, 남한의 경제적 이익을 위해 북한을 활용하는 통일에 맞춰져 있다는 점입니다. 남한과 북한이 사실상 별개의 국가인데 북한을 무시하는 이런 접근으로는 통일을 논의하기가 힘듭니다. 북한의 반발만 불러올 수 있습니다. 또 다른 문제는 북한과의 관계 개선에는 무관심하고 남한의 힘으로 통일이 가능하다고 생각한다는 점입니다. 한 체제로의 통일 주장은 타당할 수 있지만 접근 방식에 있어서는 현실적이지도 바람직하지도 않습니다. 북한과의 관계 개선과 대화 없이 통일이 가능하다고 주장하는 거니까요.

두 체제의 평화적 공존은 매우 바람직한 주장으로 들립니다. 남한과 북한이 신뢰를 쌓으면서 점진적으로 통일의 환경을 만들어 가자는 거니까요. 그런데 이에 대해 두 가지 의문을 가질 수 있습니다. 하나는 '두 체제가 공존하는 것을 통일로 볼 수 있을까'이고, 다른 하나는 '얼마나 오래 평화적 공존 기간을 가져야 할까'입니다. 이에 대한 답은 통일이 결국 과정이라는 데서 찾을 수 있습니다. 통일을 위해서는 준비 과정, 논의와 합의 과정, 실행 과정 등을 거쳐야 합니다. 각 과정에 얼마가 걸릴지는 아무도 예측할 수 없습니다. 남북 관계의 변화 외에도 국내 상황, 국제 정세 등과 관련해 예상치 못한 일이 생길 테니까요. 평화적 공존은 이런 불확실성을 극복하며 남한과 북한이 계속 교류와 협력을 하는 통일의 1단계로 볼 수 있습니다. 국가 통합의 통일까지 염두에 두고 각자의 체제를 유지하는 거지요. 이런 평화적 공존은 남한과 북한의 국가 연합 형태가 될 수도 있습니다. 얼마나 걸릴지는 알 수 없지만 1단계의 시간을 충분히 거친 뒤에 사회적 논의와 합의를 통해 한 체제 통일을 할 것인지 두 체제를 계속 유지하면서 통합을 강화할 것인지 결정할 수 있습니다. 이는 남한과 북한이 별개의 국가인 현실을 인정하면서 동시에 꾸준히 통일 과정을 밟아 가는 접근입니다. 이 접근은 급격한 변화에 따르는 사회 혼란과 갈등을 줄일 수 있다는 장점이 있습니다.

통일은 서두른다고 되는 것이 아닙니다. 길고 힘들어도 제대로 과정을 거쳐야 가능합니다. 무엇보다 통일을 하기 위해서는 반드시 남한과 북한 사이의 논의와 합의가 있어야 합니다. 그러기 위해서 우선 남한과 북한이 정치적·군사적 대결과 상호 비난을 중단해야 하고 그런 상태가 지속되어야 합니다. 우리 사회 안에서도 논의와 합의가 있어야 합니다. 그러므로 찬성과 반대 의견 모두에 관심을 가져야 하고 찬성과 반대를 하는 다양한 이유에도 주목해야 합니다. 우리 사회 안에서 합의를 이루는 데도 긴 시간이 필요합니다. 그래서 통일 과정은 길 수밖에 없습니다.

3
같은 민족이니까 통일해야 할까?

1. 왜 '우리의 소원은 통일'일까?

"우리의 소원은 통일"로 시작하는 〈우리의 소원〉은 아주 유명한
노래입니다. 평소에는 거의 부르지 않지만 통일과 관련된 행사가
있을 때마다 부릅니다. 남한과 북한이 공동 행사를 할 때 함께 부
르는 노래이기도 합니다. 남한과 북한이 같이 부를 수 있는 노래
가 딱히 없는 것도 있겠지만 가장 큰 이유는 남한과 북한 모두 공
식적으로 통일을 목표로 삼고 있기 때문입니다. 사실 공식적인 행
사에서 노래를 부르는 건 국내적으로, 그리고 세계적으로도 매우
특이한 일입니다. 그럼에도 이 노래를 부르는 이유는 남한과 북한
모두 통일을 운명적인 과제로 여기기 때문입니다.

통일이 '우리의 소원'이 된 이유는 1948년 한반도에 남한과 북
한 두 개의 정부가 수립되면서 시작된 분단 때문입니다. 분단은
당시 사람들에게는 매우 유감스럽고 다른 한편으로 충격적인 일
이었습니다. 일본의 식민 지배에서 해방된 후 당연히 한반도에 하
나의 국가가 수립되리라 생각하고 있었으니까요. 무엇보다 한반도

평양 류경정주영체육관에서 열린 남북 합동 공연 '우리는 하나'에서 남북 가수들이 〈우리의 소원〉, 〈다시 만납시다〉를 함께 부른 뒤 인사하는 모습(2018. 4. 3).

에 사는 모든 사람이 하나의 민족이고 그러면 하나의 국가를 만드는 게 당연하다고 생각했으니까요. '하나의 민족, 하나의 국가'는 통일의 핵심 이유가 됐고 지금까지 이어지고 있습니다.

남한과 북한은 여러 차례의 회담에서, 그리고 합의문에서 같은 민족이니 통일해야 한다는 점을 강조했습니다. 최초의 남북 합의로 1972년에 나온 〈7·4 남북 공동 성명〉은 통일의 원칙으로 "자주적", "평화적" 방법에 이어 "하나의 민족으로서 민족적 대단

결을 도모해야 한다"고 강조했습니다. 1991년에 체결된 〈남북 기본 합의서〉의 전문은 〈7·4 남북 공동 성명〉의 원칙을 재확인하면서 "민족적 화해"와 "민족 공동의 이익과 번영"을 강조했습니다. 2000년 첫 남북 정상회담의 결과로 합의된 〈6·15 남북 공동 선언〉은 "조국의 평화적 통일을 염원하는 온 겨레의 숭고한 뜻에 따라"라고 시작되고, "통일 문제를 그 주인인 우리 민족끼리 힘을 합쳐 자주적으로 해결"할 것을 강조했습니다. 2007년에 있었던 두 번째 남북 정상회담의 결과물인 〈10·4 남북 공동 선언〉은 "민족 공동의 번영과 통일을 실현"하기 위한 협의를 강조했습니다. 2018년 남북 정상회담의 〈판문점 선언〉은 첫 문장에 "통일을 염원하는 온 겨레"라는 말을 넣었습니다. 1번 조항에는 "민족의 혈맥을 잇고 공동 번영과 자주 통일의 미래를 앞당겨"라는 표현이 포함됐습니다. 모두 남한과 북한이 회담을 하고 합의문을 만드는 가장 큰 이유는 같은 민족이고 통일을 해야 하기 때문이라고 강조한 겁니다.

같은 민족이니 통일해야 한다고 강조하는 건 남북 합의만이 아닙니다. 우리의 통일 정책도 '민족'에 기초에 만들어졌습니다. 우리 정부가 공식적으로 채택하고 있는 통일 정책은 〈민족공동체 통일방안)입니다. 1994년 김영삼 정부 때 만들어졌는데 1989년 노태우 정부가 발표한 〈한민족공동체 통일방안〉을 계승하고 〈남북 기본 합의서〉 등을 반영해 발전시킨 것입니다. 〈민족공동체 통일방안〉은 통일을 민족공동체를 건설하는 것으로 보고 통일의 원칙으로 자주, 평화, 민주를 제시하고 있습니다. '자주'는 우리 민족 스스로의 뜻과 힘으로, 그리고 남한과 북한의 논의를 통한 통일을 의미합니다. '평화'는 전쟁이나 상대방을 무너뜨리는 방식이 아닌 평화적인 통일을, '민주'의 원칙은 민족 구성원 모두의 자유와 권리를 보장하는 민주적 통합 방식의 통일을 말합니다.

통일의 과정은 3단계로 되어 있는데 1단계는 화해·협력 단계, 2단계는 남북연합 단계, 그리고 3단계는 통일국가 완성입니다. '화해·협력'은 적대, 불신, 대립 관계를 끝내고 상호 신뢰와 긴장 완화 속에서 화해와 교류·협력을 통해 평화적 공존을 추구해 나가는 단계입니다. 남한과 북한이 서로 상대방의 체제를 인정하고 존중하면서 분단 상태를 평화적으로 관리하는 단계라 할 수 있습니다. '남북연합' 단계는 남한과 북한의 공존을 정착시키는 중간 과정으로 통일을 위한 체제를 만드는 것입니다. 마지막으로 '통일국가' 완성은 남북의 두 체제를 완전히 통합하여 1민족 1국가를 완성하는 단계입니다.

〈민족공동체 통일방안〉의 핵심은 이름이 말해 주는 것처럼 '하나의 민족, 하나의 국가'를 만들어야 한다는 겁니다. 이 통일 방안은 처음 채택된 이후 모든 정부에 의해 유지되고 있습니다. 통일의 원칙과 단계에 대해 동의했기 때문이지만 가장 중요하게 는 모든 정부가 '민족의 통일'에 동의했기 때문입니다.

우리 사회는 오랫동안 남한과 북한이 같은 민족이기 때문에 통일을 해야 한다고 강조하고 그렇게 어린이와 청소년을 교육했 습니다. 같은 민족이니 통일해야 한다는 건 통일의 이유에 대한 공식적인 답 중 하나입니다. 그런데 실제로 우리 중에 얼마나 많 은 사람이 '같은 민족이니 반드시 통일해야 한다'고 생각할까요? 나아가 그런 통일을 '소원'이라고 생각할까요? 이런저런 얄궂은 질문이 떠오릅니다. 공식적인 답변은 민족의 통일이지만 민족적 결속력과 연대감이 약해지고 남한과 북한의 적대적 관계가 계속 되고 있는 상황에서 진지하게 생각해 볼 일입니다.

2. 같은 민족이니까 통일해야 한다

통일을 해야 하는 이유를 물으면 많은 사람이 '같은 민족이기 때문'이라고 답합니다. 같은 민족이니 당연히 통일해야 한다고 생각하는 겁니다. 왜 통일과 민족을 자연스럽게 연결하는 걸까요? 일본 식민 지배 후 한반도에 하나가 아닌 두 개의 정부가 생긴 것에 대한 깊은 실망이 지금까지 이어지고 있는 걸까요? 아니면 우리 사회가 오랫동안 민족을 통일의 이유라고 강조해 왔기 때문일까요? 오랫동안 그런 교육을 받아서일까요?

같은 민족이니 통일해야 한다고 말하는 사람들은 논리적이고 구체적인 이유를 댑니다. 가장 먼저 남한과 북한 사람들이 같은 민족 정체성을 가지고 있다는 건 부인할 수 없는 사실이고 그런 민족 정체성은 외부의 영향이나 환경에 의해 흐려지거나 사라지지 않는다고 말합니다. 남한과 북한의 사회 모습이 다르긴 하지만 기본적으로 공통의 언어와 문화를 가지고 있다는 건 민족 정체성을 보여주는 증거라고 강조하기도 합니다. 또한 1948년 이전까지의 공동 역사를 가지고 있고 역사적 고통도 함께 경험했다는 겁니다. 그러므로 오랫동안 따로 살았다고 해서 같은 민족이라는 사실이 변하지는 않는다고 말합니다.

하나의 민족이고 이전에 하나의 국가에서 살았기 때문에 다시 하나의 국가를 이루는 건 당연하다고도 합니다. 공통의 언어와 문화, 그리고 공동의 역사를 가진 하나의 민족이 두 개의 국가로 나뉘어 사는 건 오히려 자연스럽지 않다고 말합니다. 70년 이상 남한과 북한이 적대 관계로 지내 왔다고 해서 민족적 정체성이 사라지는 것도, 같은 민족으로서 느끼는 친밀감과 연대감이 사라지는 것도 아니라고 말합니다. 남북 관계가 좋아지면 민족적 연대감은 강화될 것이고 그러면 통일을 하는 데 아무런 문제가 없다는 겁니다.

이런 주장은 매우 타당합니다. 오랜 세월을 지나면서 형성된 민족의 정체성은 상황이나 환경의 변화로 쉽게 사라지지 않습니다. 또한 공통의 언어와 문화는 상호 이해를 가능하게 하고 민족의 결속력을 강화하는 데 중요한 역할을 합니다. 비록 지리적으로 떨어져 있더라도 말입니다. 게다가 남한과 북한 사람들은 같은 민족으로서 일본의 식민 지배하에서 고통을 겪은 공동의 역사를 가지고 있습니다. 그 역사는 일본과 역사 논쟁이 있을 때마다 민족의 정체성을 재확인해 주고 남한과 북한 사람들의 민족 정체성에도 큰 영향을 미치고 있습니다.

우리 정부도 공식적으로 민족을 중심에 둔 통일 방안을 채택하고 있고 민족을 통일의 가장 중요한 이유로 생각하고 있습니다. 그런데 현실은 이런 주장과 너무 달라서 이해하기 힘듭니다. 같은 민족이고 더구나 통일을 염두에 두고 있다면 좋은 관계를 만들려고 노력해야 하는데 전혀 그렇지 않으니까요. 남한과 북한이 각각 정부를 수립한 후 시작되어서 한국전쟁으로 최고조에 달했던 적대 관계는 지금까지 계속되고 있습니다. 관계가 좋고 나쁘고에 대한 책임은 함께 져야 합니다. 북한이 적대적이고 계속 남한을 위협했기 때문이라고 북한만 비난할 수는 없습니다. 이해하기 힘든 또 다른 점도 있습니다. 같은 민족이라고 강조하지만 우리는 오랫동안 북한의 경제적 어려움을 외면해 왔습니다. 빈곤국과 개발도상국에 대한 지원은 늘리면서 북한에 대한 지원은 계속 줄였습니다. 김대중 정부와 노무현 정부 약 10년 동안을 제외하면 북한에게 큰 지원을 하지 않았습니다. 그것도 대부분 인도주의 지원, 그러니까 인류애에 기초해 북한이 아니더라도 해야 하는 지원이었습니다. 그런데도 '퍼주기'라는 사회적 비난이 생겼습니다. 또 같은 민족인 북한과 통일을 염두에 둔다면 이질감, 그러니까 서로 낯선 느낌을 가지지 않도록 노력해야 하는데 전혀 그렇지 않았다는 겁니다. 이질감을 없애려면 소통과 교류를 늘려야 합니다. 하지만 과거에 약 10년 동안 있었던 지속적 소통과 다양한 교류, 그리고 금강산 관광과 개성공단을 통한 경제 협력을 제외하고는 별다르게 노력하지도 않았고 성과도 없었습니다.

민족의 통일을 강조하면서 우리 사회는, 그리고 정부는 왜 적극적으로 북한과의 관계를 개선하려고 하지 않는 걸까요? 아마도 '같은 민족'이라는 이유로 모든 적대 관계를 극복할 수 있다고 생각하기 때문인 것 같습니다. 아무리 싸우고 서로 비난해도 같은 민족이기 때문에 결국 서로를 이해하고 연대할 수밖에 없다고 생각하는 것 같습니다. 또한 남한과 북한이 정부 차원에서는 적대적이어도 국민들 사이에서는 같은 민족이기 때문에 당연히 친밀감과 연대감이 있을 거라고 생각하는 듯도 합니다. 그런데 이건 너무 안이한 생각입니다. 남한과 북한의 국민 대부분은 분단 이후에 태어났기 때문에 민족적 친밀감이나 강한 연대감이 없습니다. 젊은 세대는 더욱 그렇습니다. 또한 정부와 국민은 분리되지 않습니다. 정부가 적대적인데 국민이 친화적일 수 없고, 적대적인 정부 정책을 어기고 처벌을 감수하면서 사적으로 교류하고 친밀감을 높일 수는 없습니다.

같은 민족이니 통일해야 한다고 생각한다면 접촉과 교류를 통해 공동의 경험과 역사를 만들어 나갈 방법을 고민해야 합니다. 그것은 북한과의 관계 개선을 통해 가능합니다. 그러지 않고 민족의 통일을 강조하는 건 공허한 주장으로 들릴 수 있습니다.

3. 통일은 민족이랑 상관없다

같은 민족이니 당연히 통일해야 한다고 생각하는 사람들이 있는 반면 같은 민족이라는 점이 통일을 해야 하는 합리적인 이유가 되지는 않는다고 생각하는 사람들도 있습니다. 오히려 통일을 민족과는 상관없는 일로 생각하는 이들의 비율은 점점 높아지고 있습니다. 이는 여론 조사를 통해서도 확인할 수 있습니다.

통일연구원의 『KINU 통일의식조사 2022』에 따르면 '한민족이라서 반드시 통일할 필요가 없다'에 응답자의 48.1퍼센트가 동의했습니다. 같은 민족이 통일의 이유가 되지는 않는다고 생각하는 비율이 거의 절반에 가깝게 나온 겁니다. 여기에 동의하지 않는 비율은 22.8퍼센트였고 보통이라는 비율은 29.1퍼센트였습니다. 동의하는 비율은 지난 몇 년 동안 계속 높아져서 2017년에 35.7퍼센트, 2018년에 36.8퍼센트, 2019년에는 41.4퍼센트가 됐습니다. 2020년에는 46.9퍼센트, 2021년에는 48.8퍼센트였습니다. 몇 년 사이에 적지 않은 변화가 있었습니다. 반대로 동의하지 않는다는 비율은 계속 낮아졌습니다. 2017년에는 32.8퍼센트였고 2020년에는 25.5퍼센트가 됐습니다. 흥미로운 점은 2018년에 세 번의 남북 정상회담이 있었고 그 영향으로 민족적 동질성을 느낀 다는 응답이 많아졌을 때도 민족이 통일의 이유가 될 수 없다는 응답이 늘었다는 겁니다. 이는 통일을 '민족의 염원'으로 생각하 기보다 현실적인 문제로 보는 사람이 많아졌음을 말해 줍니다.

　민족과 통일은 다른 문제라고 생각하는 비율은 노년층보다 젊은 층에서 더 높습니다. 앞의 조사 결과를 보면 같은 민족을 통일의 이유로 보지 않는 비율은 20대가 가장 높아서 60.9퍼센트에 달했습니다. 50대와 60대 이상에서도 40퍼센트를 넘긴 했습니다. 인천연구원의 『2023 인천광역시 통일의식 조사』에서도 비슷한 결과가 나왔습니다. '원래 한 민족, 한 국가였기 때문에'를 통일의 이유로 생각한 사람은 60세 이상에서는 36.4퍼센트였지만 18~29세에서는 27.6퍼센트에 불과했습니다. 30대의 비율은 더 낮아서 19.3퍼센트였고, 40대는 29.1퍼센트, 50대는 32.4퍼센트였습니다. 그렇다면 민족보다 중요한 이유는 무엇이었을까요? 그것은 '국제 사회에서 우리나라의 경쟁력 강화를 위해'였는데 이에 답하는 비율은 2021년 이후 지속적으로 증가하고 있습니다. 특히

60세 이상에서는 '한 민족, 한 국가였기 때문에'를 통일의 가장 큰 이유로 꼽아 왔는데 2023년에는 '우리나라의 경쟁력 강화'를 선택한 비율이 37.7퍼센트로 살짝 앞섰습니다. 중·고등학생 중에서도 가장 많은 수가 이것을 통일의 가장 중요한 이유로 선택했습니다. 중·고등학생의 경우 두 번째로 많이 선택한 이유는 '전쟁의 위험에서 벗어나기 위해'였고, '한 민족, 한 국가였기 때문에'는 세 번째 이유였습니다.

같은 민족이라고 반드시 통일을 해야 하는 건 아니라고 생각하는 사람들은 여러 가지 이유를 얘기합니다. 우선 북한과 같은 민족이라는 친밀감보다 이질감을 많이 느끼기 때문이라고 말합니다. 언어와 문화가 같다고 하지만 사실은 차이가 크고 계속 커지고 있다고 말합니다. 남한과 북한이 분단 전 역사를 공유한다고 하지만 역사에 대한 해석과 교육이 다르다는 겁니다. 거기에 더해 지난 75년 동안의 역사는 너무 다르고 서로 상대를 이해하지도 못하기 때문에 역사가 민족적 정체성이 될 수는 없다는 겁니다. 특히 남한과 북한의 완전히 다른 체제를 넘어설 만큼 민족적 정체성이 강하지 않다고 지적합니다. 오랜 세월의 분단과 교류의 부재, 그리고 적대 관계와 계속된 대결로 민족 정체성보다 남한과 북한 각자의 국가 정체성이 더 중요하게 됐다고 말합니다. 그러므로 많은 청소년과 청년이 북한과 민족적 친밀감을 느끼지 못하는 것 또한 충분히 이해할 수 있고 오히려 자연스럽다고 얘기합니다.

'같은 민족'이 통일의 제일 큰 이유가 될 수 없다고 주장하는 사람들은 또 다른 중요한 이유를 언급합니다. 그것은 우리 사회가 더는 '한민족'의 사회가 아니라는 겁니다. 한반도가 분단됐을 때, 그리고 정부가 〈민족공동체 통일방안〉을 채택했을 때도 '단일 민족'이라는 말이 어색하지 않았습니다. 그러나 이제는 다릅니다. 2024년에 우리 사회의 전체 국민 대비 국내 체류 외국인 비율은 5퍼센트를 넘겼습니다. 이제 경제협력개발기구(OECD)가 정한 기준에 따라 다문화·다인종 국가가 됐습니다. 전체 초·중·고등학생 중 다문화 가정 출신 학생 수는 2023년 말 기준 3.5퍼센트이고 계속 늘 전망입니다. 앞으로 다문화·다인종 사회의 성격이 더 뚜렷해진다는 의미입니다. 숫자가 아주 많지는 않지만 다양한 민족적 배경을 가진 국민이 있는데 '한민족'을 강조하는 민족의 통일은 설득력이 떨어질 수밖에 없다는 겁니다. 또한 통일의 이유로 민족을 내세우는 건 한민족이 아닌 다른 민족적 배경을 가진 국민을 배제하고 소외시킬 수 있다는 겁니다.

　민족이 통일의 가장 중요한 이유가 되어야 한다고 생각하는 사람들은 민족이 아니면 통일할 이유가 없지 않냐고 묻습니다. 우리가 분단 후부터 지금까지 통일을 얘기하고 있는 건 하나의 민족으로 하나의 국가를 이루지 못했기 때문이고, '하나의 민족, 하나의 국가'라는 바람을 이뤄야 한다는 이유 때문이라는 거지요. 그런데 민족을 빼면 통일의 이유와 의미가 없어져 버린다는 거지요. 지금까지 우리가 민족의 통일을 얘기해 왔기 때문에 이런 주장 또한 타당합니다. 그렇지만 민족이 통일의 이유가 될 수 없다고 생각하는 사람들이 많아지고 있다는 점 또한 받아들일 수밖에 없습니다.

4. 통일이 필요한 다양한 이유

민족이 무엇이기에 많은 사람이 통일의 가장 중요한 이유로 생각하는 걸까요? 사전적 의미에 따르면 민족은 "일정한 지역에서 오랜 세월 동안 공동 생활을 하면서 언어와 문화의 공통성에 기초해 역사적으로 형성된 사회 집단"을 말합니다. 민족은 오랜 세월 언어, 문화, 역사를 공유해 온 집단이기 때문에 강한 결속력은 물론 정서적 연대감을 가지고 있습니다. 우리 대부분은 한반도에서 공통의 언어와 문화를 가지고 공동의 역사를 만들어 온 '한민족'으로서 민족적 결속력과 연대감을 가지고 있습니다. 민족을 강조하는 우리의 정서는 일제 식민 지배하에서 강화됐고 지금까지 이어지고 있습니다. 힘든 역사적 시기에 강화됐기 때문인지 우리는 민족을 특별히 더 의미 있게 생각하는 것 같기도 합니다. 그런데 '한민족'의 결속력과 정서적 연대감은 남한과 북한 사람들 사이에도 있을까요? 어떻게 보면 높은 수준으로 존재하는 것 같기도 합니다. 올림픽 때 남북 선수들이 공동 입장하는 모습을 보면 가

강원도 평창 올림픽스타디움에서 열린 2018 평창 동계올림픽 개막식에서 남북 선수단이 한반도기를 앞세우고 동시 입장하는 장면(2018. 2. 9).

슴이 뭉클해지기도 하니까요. 북한이 '대홍수'라는 자연재해를 겪은 뒤 어려움에 빠졌을 때 같은 민족이기 때문에 많은 사람이 모금에 동참했던 일을 봐도 그렇습니다.

그런데 다른 면도 있습니다. 70년 이상 남한과 북한이 적대 관계로 지내 왔고 그래서 상대에 대한 불신과 미움은 세계 그 어느 나라에 대해서보다 강합니다. 필요하다면 공격하고 전쟁도 할 수 있다는 듯이 날 선 말로 서로를 대합니다. 이런 적대 관계, 불신,

미움을 뛰어넘을 정도로 우리의 민족적 결속력과 연대감은 강한 걸까요? 또는 민족의 통일은 민족적 결속력과 연대감이 없어도 반드시 해야 하는 걸까요? 그런 통일을 해도 아무 문제가 없을까요?

같은 민족이니 통일을 해야 한다고 생각하는 사람들은 남한과 북한이 하나의 민족이니 하나의 국가를 만드는 것이 당연하다고 얘기합니다. 그런데 하나의 민족이 여러 국가에 흩어져 사는 경우는 많습니다. 그들은 같은 민족이라고 반드시 하나의 국가에서 함께 살아야 한다고 생각하지는 않습니다. 하나의 민족은 하나의 국가를 만들어야 한다고 생각한다면 세계에 있는 많은 민족이 대이동을 하고 많은 국가가 혼란을 겪게 될 겁니다. 물론 우리의 상황은 다릅니다. 민족을 강조하지 않는 사회나 국가나 있을 수 있는데 우리는 강조하는 경우에 해당하고 그래서 통일까지 생각하니까요. 그런데 한 가지 중요한 건 앞에서 얘기한 것처럼 우리 사회에 통일을 해야 하는 이유를 '민족'에서 찾지 않는 사람들이 늘고 있다는 점입니다. 그러니 당연히 민족이 통일의 이유가 되어야 한다는 생각과 함께 민족 이외에 어떤 것이 통일의 이유가 될 수 있을지도 생각해 봐야 합니다.

앞에서 중·고등학생을 비롯한 많은 사람이 통일의 이유로 민족보다 중요하다고 생각한 건 '국제 사회에서의 경쟁력 강화'였습니다. 통일이 되면 남한과 북한이 분단된 채로 존재할 때보다 국제 사회에서 영향력이 커지고 경제적으로도 번영하리라는 생각 때문일 겁니다. 여기에는 통일이 국가 발전과 삶의 질 향상에 도움이 되면 좋겠다는 바람이 담겨 있습니다. '민족'이라는 추상적으로 들리는 목표보다 현실적인 이익이 중요하다고 생각하는 거지요. 다음으로 선택한 이유인 '전쟁 위험에서 벗어나는 것' 또한 매우 중요합니다. 여기에는 남한과 북한의 적대 관계와 군사적 대결이 계속되는 상황에 대한 불안감, 그리고 전쟁 위험이 일상을 위협한다는 생각이 담겨 있습니다. 나아가 전쟁이나 어떤 무력 충돌도 걱정하지 않고 안전하게 살고 싶다는 바람도 있습니다. 통일이 구체적으로 안전을 보장하고 삶의 질을 높이는 데 도움이 되어야 한다고 생각하는 겁니다. 이 두 가지 이유 모두 다른 사람들이 가장 중요하다고 생각하는 이유인 민족만큼 중요합니다.

민족, 국제 사회에서의 경쟁력 향상, 전쟁 위험의 제거 등을 모두 포함하는 통일의 이유도 생각해 볼 수 있습니다. 그것은 바로 평화로운 한반도입니다. 남한과 북한이 합의해서 통일을 하게 되면 한반도가 평화로워질 수 있습니다. 더는 남한과 북한이 무력 대결을 하고, 서로에게 무기를 겨누고, 험한 말로 서로를 공격하는 일은 사라질 겁니다. 그러면 남한과 북한의 강대강 대결 때문에 무력 충돌이 생길까 매일 걱정할 필요도 없어질 겁니다. 한반도가 평화롭게 되면 한반도에 거주하거나 머무는 모두가 평화롭게 살 수 있습니다. 한민족은 물론 민족적 배경에 상관없이 모든 사람이 안전해질 수 있는 겁니다. 당연히 민족의 통일도 이뤄지게 됩니다. 또한 평화로운 한반도가 되고 사회가 안전해지면 국제 사회에서 정치적·경제적·문화적 경쟁력도 당연히 향상될 수 있습니다. 우리 사회의 이념 논쟁과 남남 갈등이 사라지고 개인과 사회의 자원을 정치, 경제, 사회를 발전시키는 데 더 투자할 수 있을 테니까요. 전쟁 위험이 사라지면 전쟁 예방과 준비에 들어가는 많은 국방 예산을 삶의 질을 높이는 데 쓸 수도 있습니다.

'같은 민족이니 통일을 해야 한다'와 '민족은 통일의 가장 중요한 이유가 아니다'라는 의견 모두 존중되고 토론의 주제가 되어야 합니다. 어느 한쪽이 맞거나 다른 한쪽이 틀린 게 아니니까요.

4

북한은 적일까, 대화의 상대일까?

1. 북한을 바라보는 시선

우리가 일상에서 경험하는 일들은 북한과 상관이 없어 보입니다. 그런데 한 걸음 더 들어가 보면 개인사는 물론 사회에서 일어나는 많은 일이 북한과 관련이 있습니다. 예를 들어 볼까요? 우리 사회는 징병 제도를 통해 큰 규모의 군대를 유지하고 있는데 이는 북한과의 군사적 대결 때문입니다. 예외 사항에 해당되지 않는다면 모든 남성들은 정해진 나이에 맞춰 군 복무를 마쳐야 합니다. 이런 징집 제도는 심각한 사회 문제인 젠더 갈등의 원인 중 하나이기도 합니다. 이념 갈등도 심각한 사회 문제입니다. 사회 곳곳에서 남북 관계와 대북 정책에 대한 다른 생각 때문에 논쟁과 갈등이 생깁니다. 이념 갈등은 우리 삶의 질을 좌우하는 정치에 큰 영향을 미치고 특히 선거 때는 이로 인해 후보에 대한 검증과 정책 토론이 어려워지곤 합니다. 북한과 관련된 문제가 우리 삶에 깊숙이 들어와 있다고 할 수 있습니다.

그런데 정확히 따지면 우리 삶에 영향을 미치는 건 북한의 존

건군 65주년 국군의 날을 맞아 서울 중심가에서 펼쳐진 국군의 열병식. 한국의 남성들은 정해진 나이에 맞추어 군 복무를 해야만 한다.

재가 아니라 북한을 보는 우리의 시각, 그리고 북한과 관련된 문제에 대응하는 우리의 태도입니다. 그렇다면 우리는 북한을 어떻게 보고 있을까요?

우리가 가진 북한에 대한 이미지는 대체로 부정적입니다. 2023년 4월에 있었던 한 여론 조사의 결과에 따르면 응답자 중 80~90퍼센트가 북한에 대해 '억압적', '권위적', '공격적', '위협적'

이라는 이미지를 가지고 있었습니다. 또한 70퍼센트 이상이 북한에 대해 '정직하지 않음', '무책임', '불신' 등 부정적인 생각을 가지고 있었습니다. 사실 놀랍지 않은 결과입니다. 원래 북한에 대한 부정적인 생각이 강한데 여론 조사가 이뤄졌던 때는 남북 관계가 악화일로였고 북한의 핵무기와 미사일 개발이 계속되고 있었으니 말입니다. 흥미로운 점도 있었습니다. 북한을 우리와 '적대적인 관계'로 보는 사람이 48퍼센트였는데 '적도 친구도 아니다'라는 중립적 태도를 보인 사람도 44퍼센트나 됐습니다.

북한에 대한 부정적인 생각은 남북 대화와 교류가 있고 없고에 따른 영향을 받습니다. 예를 들어 2018년 통일연구원이 초·중·고등학교 학생을 대상으로 한 조사에 따르면 북한을 적으로 생각한다는 응답이 전년의 40퍼센트에서 5.2퍼센트로 뚝 떨어졌습니다. 또 통일연구원의 2019년 '통일 의식 조사' 결과에 따르면 "김정은 정권이 대화와 타협이 가능한 상대라고 생각하십니까"라는 질문에 '매우 그렇다' 혹은 '다소 그렇다'는 응답의 합계가 33.5퍼센트였습니다. 이는 2017년의 8.8퍼센트, 2018년의 26.6퍼센트보다 한층 높아진 수치였습니다. '전혀 그렇지 않다' 또는 '다소 그렇지 않다'는 응답은 2017년 76.3퍼센트, 2018년 48.0퍼센트, 2019년 39.2퍼센트로 갈수록 낮아졌습니다. 2017년은 남한과 북한, 그리고 북한과 미국의 군사 대결 강화로 전쟁까지 우려되던 때였습니다. 반면 2018년은 세 번의 남북 정상회담과 역사상 최초의 북미 정상회담으로 남북 관계 개선과 비핵화의 분위기가 높아지던 때였습니다. 이런 결과는 남북 관계가 북한에 대한 인식에 미치는 영향을 잘 보여 줍니다.

어떤 사람들은 북한을 '비정상 국가'라 부릅니다. 이는 북한은 제대로 된 국가가 아니란 얘기입니다. 2023년 9월 14일 한 기사의 제목은 "北 김정은, 처음으로 인민복 벗고 넥타이 회담… '정상국가 지도자' 이미지"였습니다. 북한의 김정은 국무위원장과 러시아의 블라디미르 푸틴 대통령의 정상회담을 보도한 기사였습니다. 이 기사는 고개를 갸우뚱하게 만들었습니다. 옷은 '비정상'과는 관계가 없으니 말입니다. 사실 북한을 '비정상'이라고 부르는 기준은 명확하지 않습니다. 대부분의 민주주의 국가들과 다르기 때문에, 독재 국가이고 폐쇄 국가이기 때문에, 그리고 정치·경제 면에서 일반적이지 않은 선택을 하기 때문으로 짐작할 수 있을 뿐입니다.

많은 사람이 북한을 '남한의 도움을 받는 대상'으로 보기도 합니다. 북한은 1995년 '대홍수'라는 심각한 자연재해를 겪었고 그 뒤 극심한 경제난으로 국제 사회의 인도주의 지원을 받았습니다. 우리도 정부와 민간 차원에서 인도주의 지원을 했습니다. 북한은 아직도 식량 부족에서 벗어나지 못하고 있습니다. 그래서인지 우리가 북한에 수십 년 동안 막대한 지원을 해 왔고 지금도 그렇다고 생각하는 사람이 많습니다. 그런데 그렇지 않습니다. 우리 정부는 대홍수가 있었던 1995년에 1856억 원을 지원했고 그 뒤로 몇 년 동안 해마다 400~500억 원 이상의 지원을 했습니다. 지원이 많았던 때는 김대중 정부와 노무현 정부 때였던 2000년부터 2007년까지였습니다. 지원액은 2000년에 2422억 원이었고 2002년에는 3226억 원으로, 2004년에는 4230억 원으로 늘었습니다. 그 뒤로는 줄었다가 2007년에 4397억 원으로 정점을 찍었습니다. 그러나 이명박 정부가 출범한 2008년에는 1163억 원으로 대폭 줄었고 2009년에는 671억 원이 됐습니다. 이명박 정부 마지막 해인 2012년에는 141억 원이었습니다. 박근혜 정부 마지막 해인 2016년에는 30억 원에 그쳤고 그중 정부 차원의 지원은 2억 원밖에 되지 않았습니다. 2018년 남북 정상회담이 있은 다음 해인 2019년에는 277억 원으로 조금 많아졌지만 그 뒤엔 다시 대폭 줄었습니다. 문재인 정부는 북한의 거부로 직접적 지원은 물론 국제기구를 통한 지원도 하지 못했습니다. 이상의 지원 금액에는 정부, 민간단체, 국제기구를 통한 지원, 그리고 꾸어 주는 형태의 식량 차관 등이 모두 포함돼 있습니다. 북한에 대한 지원은 2008년부터 대폭 줄었고 2011년 이후부터 2024년 6월 현재까지는 통계를 내기 민망할 정도로 미미한 수준에 불과했습니다. 북한에 대한 인도주의 지원은 신뢰를 쌓고 관계를 개선할 만큼 오래 대규모로 계속되지 않았습니다.

북한을 보는 우리의 시각은 논리적이기보다는 감정적인 면이 있습니다. 북한과 대북 정책에 대한 정보의 부족으로 오해를 하기도 합니다. 다른 국가와는 다르게 북한에는 엄격한 기준을 적용하기도 합니다. 북한을 비정상 국가라고 부르는 것에 대해 생각해 봅시다. 사실 같은 기준을 적용하면 북한과 비슷한 국가는 많습니다. 그런데 우리는 그런 국가들을 비정상 국가라고 부르지는 않습니다. 그냥 민주주의가 충분히 정착되지 않은 국가, 독재 국가, 인권 탄압이 심한 국가, 부패나 부조리 때문에 경제·사회 발전이 더딘 국가 등으로 부릅니다. 한 국가를 '비정상'으로 부르는 건 주관적인 기준과 판단으로 해당 국가와 국민에게 모욕감을 줄 수 있기 때문입니다. 그러니 북한이 미워도 그렇게 부르는 건 바람직하지 않습니다. 게다가 북한은 잘못된 점이 많아도 우리의 통일 상대인데 그런 말로 비하하는 건 현명하지 않습니다. 북한이 남한으로부터 당연히 많은 지원을 받을 거라고 생각하는 데에는 북한에 대한 편견이 스며 있습니다. 북한을 남한보다 열등하게 보는 겁니다. 북한이 경제 발전을 이루지 못한 건 사실이지만 그렇다고 편견을 가지는 건 바람직하지 않습니다. 오히려 다른 국가보다 더 냉정하게 봐야 하고 정확한 정보를 가지고 이해해야 합니다. 우리의 안전과 미래를 위해서라도 북한을 절대 외면할 수 없기 때문입니다.

2. 적대와 극복의 대상

북한을 보는 시각은 크게 두 가지입니다. 하나는 북한을 적대와 극복의 대상으로 보는 것입니다. '적대'는 상대를 적으로 대한다는 말이고 '극복'은 이겨서 굴복시킨다는 말입니다. 그러니 적대와 극복의 대상이라는 말은 힘으로 이겨서 굴복시켜야 할 적이라는 얘기입니다. 북한을 이렇게 보는 가장 큰 이유는 남한과 북한이 오랫동안 적대 관계였고 그런 관계를 벗어날 수 없다고 생각하기 때문입니다. 남한과 북한은 한반도에 각각 다른 정부를 세운 다음부터 대립했고 한국전쟁 동안에는 서로를 전멸시키기 위해 싸웠습니다. 한국전쟁 후 휴전 상태가 되면서 적대 관계는 그대로 유지됐고 남한과 북한은 또 다른 전쟁 또는 무력 충돌을 염두에 두고 무력 경쟁을 강화했습니다. 첫 남북 회담이 있었던 1972년까지 남한과 북한은 대화조차 해서는 안 되는 적이었고 대화 후에도 적대 관계는 완화되지 않았습니다. 북한을 싸워 이겨야 하는 적으로 보는 건 이런 적대 관계를 강조하는 것입니다.

다른 이유는 공산주의 이념을 고수하고 있는 북한을 절대 인정할 수 없다는 생각 때문입니다. 다른 공산주의 국가들이 개방을 선택하고 세계에 문을 열었지만 북한은 공산주의 이념으로 통제 사회를 유지하고 있고 절대 변할 가능성이 없다는 겁니다. 또 우리가 원하는 통일은 헌법에 쓰인 것처럼 "자유민주주의적 기본 질서"에 기초한 것인데 북한은 공산주의식 통일을 원할 것이니 싸워 이기는 수밖에 없다고 생각합니다. 북한이 계속 핵무기와 미사일 개발을 하면서 우리를 위협하므로 힘으로 제압하는 수밖에 없다는 이유도 있습니다.

북한을 적대와 극복의 대상으로 보는 사람들은 북한에 대한 인도주의 지원에 반대합니다. 인도주의 지원이 북한 정권만 이롭게 하고, 지원 물품도 주민들이 아닌 지배층에게 간다는 겁니다. 그러니 북한이 남한에 대한 적대 정책을 중단하고 핵무기를 포기하지 않으면 북한 정권에 도움을 주는 인도주의 지원을 하지 않아야 한다고 주장합니다. 그런데 이런 생각은 두 가지 오해에서 비롯되었습니다. 하나는 인도주의 지원이 경제 상황 개선에 큰 도움을 준다는 오해입니다. 인도주의 지원은 심하게 빈곤한 사람들의 식량, 보건, 주거 등의 상황을 조금 완화하는, 다시 말해 위기 상황을 벗어나게 도움을 주는 것입니다. 북한에 대한 인도주의 지원도 북한 사람들의 고통을 조금 덜어 줄 뿐 북한 경제에 큰 도움을 주는 건 아닙니다. 인도주의 지원 물품이 지배층에게 간다는 생각 또한 오해입니다. 이런 주장은 근거 없이 인도주의 지원과 국제기구들을 불신하는 것이기도 합니다. 인도주의 지원에서 분배를 점검하는 현장 모니터링은 기본적인 일입니다. 모니터링을 할 수 없으면 지원을 할 수 없습니다. 과거 우리 정부가 직접 보낸 것들도 모니터링을 거쳤습니다. 2023년 12월 유엔 '인도주의 업무 조정국(OCHA)'은 북한을 2024년 인도주의 지원 대상국에서 제외했습니다. 2021년부터 4년 연속 제외한 겁니다. 이유는 북한이 코로나19로 국경을 봉쇄했고 북한에 상주했던 국제기구 직원들도 2021년 4월을 마지막으로 모두 떠나서 현장 모니터링을 할 수 없는 상황이었기 때문입니다. 이런 점을 봐도 인도주의 지원 물품이 제대로 분배되지 않는다는 건 오해입니다.

북한을 적으로 보고 싸워서 이기고 굴복시켜야 한다는 주장은 남한과 북한의 적대 관계가 오랫동안 유지됐기 때문에 생긴 것으로 이해할 수 있습니다. 그런데 북한을 그렇게만 보면 남한과 북한이 군사적으로 대결하고 항상 전쟁의 위험이 있는 한반도 상황을 변화시킬 수 없습니다. 우리는 전쟁을 원하지 않고, 그래서 무력을 써서 이기는 건 불가능합니다. 우리는 북한과 군사적 대결을 하고 있지만 공식적으로 방어에 초점을 맞춰 군사적 대응을 하고 있습니다. 그렇다면 싸우지 않고 북한에 이길 방법, 그리고 문제를 해결할 방법을 찾아야 하는데 그건 북한과의 접촉과 대화 없이는 불가능합니다. 군사적 대결이 계속되기 때문에 북한을 경계하는 건 자연스럽지만 '적'이라는 점에만 초점을 맞추면 결국 우리의 상황을 변화시킬 수 없는 한계와 맞닥뜨리게 됩니다.

3. 협력과 공존의 대상

북한을 보는 두 가지 시각 중 다른 하나는 북한을 협력과 공존의 대상으로 보는 것입니다. '협력과 공존'은 보통 관계가 좋은 사이, 또는 관계를 강화할 필요가 있는 사이의 일이라고 여겨집니다. 북한은 이와는 상관이 없어 보입니다. 그런데 이런 주장을 하는 사람들은 여러 가지 이유를 듭니다. 그중 가장 중요한 게 70년 이상 이어지고 있는 남한과 북한 사이의 정치적, 군사적 대결을 완화하고 마침내 끝내야 하기 때문이라고 말합니다. 남한과 북한의 적대적 관계와 상호 불신은 깊어졌고 우리는 반복해서 군사적 긴장과 위기를 경험하고 있습니다. 시시때때로 전쟁 또는 무력 충돌을 걱정해야 하는 상황을 끝내기 위해서, 그리고 매일 안전하게 지내기 위해서 남북 관계에 근본적인 변화가 필요하다는 겁니다. 북한을 협력하고 공존할 상대로 보지 않으면 변화를 만들 수 없다는 겁니다.

또 다른 이유는 북한의 핵무기 개발 문제를 해결하기 위해서라고 얘기합니다. 북한의 핵무기 개발은 우리의 문제이자 국제 사회의 문제입니다. 국제 사회는 북한의 핵무기 개발을 중단시키기 위해 다양한 제재를 가했습니다. 국제 사회의 제재는 한 국가가 국제 사회의 규칙을 어기고 세계 평화를 위협할 때 가해지는데 경제적 제재가 가장 일반적입니다. 북한이 1차 핵 실험을 한 2006년 10월부터 6차 핵 실험을 한 2017년 9월까지 유엔 안전보장이사회(UNSC)는 핵 실험을 할 때마다 대북 제재를 결의했습니다. 핵무기 개발과 관련된 장거리 로켓이나 탄도미사일을 발사한 뒤에도 제재를 결의했습니다. 가해진 제재는 무기 개발과 관련된 북한의 물자·상품·기술·자금의 해외 조달 금지, 금융 거래 금지, 광물과 수산물 수출 전면 금지, 섬유 제품 수출 금지, 북한 노동자의 해외 파견 중단, 북한에 대한 원유 공급 제한 등이었습니다. 북한은 국제 교류와 무역을 거의 할 수 없는 상황이 됐습니다. 그러나 이런 국제 사회의 압력은 효과가 없었고 북한의 핵무기 개발은 계속됐습니다. 북한은 핵무기 완성이 자신을 보호할 최고의 수단이라고 생각했던 겁니다. 협력과 공존을 주장하는 사람들은 압력과 제재가 효과를 발휘하지 못했기 때문에 이제 다른 방법을 모색할 수밖에 없다고 말합니다.

북한의 현실과 필요를 제대로 보고 인정해야 한다는 주장도 있습니다. 북한은 안전을 보장받고 경제 발전을 이루기를 바라고, 그러기 위해 사실은 남한과 공존하길 원하고 있음을 인정해야 한다는 것이지요. 2018년 북한은 남북 정상회담에서 남한과의 관계 개선, 공동 번영, 평화 체제 구축, 비핵화 목표 등에 동의했고, 북미 정상회담에서도 한반도의 평화 체제와 비핵화 의지 등을 드러냈습니다. 북한은 남한과 미국과의 정상회담에 매우 진지하게 임했습니다. 매우 유감스럽게도 2차 북미 정상회담 실패 이후 예전으로 돌아갔지만 말입니다. 북한이 우리에게 사실상 위협이 되지 않는다는 점도 지적합니다. 남한과 북한의 경제력은 50배 이상, 국방비는 10배 이상 차이가 나니까요. 북한이 사실상 핵무기를 가지고 있다는 점을 지적할 수도 있습니다. 하지만 핵무기 개발은 북한이 막대한 국방비를 지출할 수 없는 상황에서, 그리고 미국으로부터 체제 안전을 약속받기 위해 선택한 것이라는 게 한국과 세계 많은 전문가의 의견입니다. 그러니 북한을 우리의 안전을 위협하는 존재로 보고 적대적으로만 대한다면 북한의 현실과 필요를 제대로 볼 수 없다는 주장입니다. 북한이 사실상 우리에게 위협이 되지 않는다는 점을 인정하고 북한이 경제 개발을 할 수 있도록 협력과 공존을 모색하는 것이 현명한 선택이라고 말합니다. 그러려면 북한을 이해하고 존중하는 태도와 행동이 필요하다는 겁니다.

북한을 협력과 공존의 대상으로 봐야 한다는 주장에 대해 많은 사람이 반대하거나 우려를 표합니다. 무엇보다 북한을 신뢰할 수 없다고 말합니다. 또한 이념과 체제가 다른 북한과의 협력과 공존을 주장하는 건 무지하고 순진한 생각이라고 말합니다. 우리에게 이익이 되지 않고 북한만 이롭게 하는 주장이라고 비난하기도 합니다. 그런데 협력과 공존을 주장하는 건 남북 관계를 이해하지 못하거나 순진해서가 아닙니다. 남한과 북한 사이 오랜 적대 관계를 당연하게 생각하는 데서 벗어나 변화를 시도하는 게 더 현실적이고 우리에게 필요하다고 생각해서입니다. 또한 북한과 대화가 불가능한 이유만 찾기보다 어렵더라도 대화를 할 수밖에 없는 이유, 그리고 대화할 방법을 모색하는 것이 우리의 이익을 위해 더 현명한 일이라고 생각하는 겁니다.

4. 대화의 상대다

우리 사회가 북한을 보는 시각은 지금까지 얘기한 것처럼 크게 두 가지로 구분될 수 있습니다. 두 시각은 정반대입니다. 오랜 남북 관계의 역사와 계속되는 군사적 대결, 그리고 북한의 핵무기 개발을 고려하면 어느 한쪽이 완전히 옳거나 다른 한쪽이 완전히 틀렸다고 말하기는 힘듭니다. 그렇다면 우리는 어디에 초점을 맞춰야 할까요? 그건 바로 우리의 안전과 이익입니다. 그래야 변화를 만들 구체적인 방법을 찾을 수 있습니다.

그렇다면 우리의 안전은 무엇을 말할까요? 크게는 전쟁과 무력 충돌의 위험이 완전히 사라진 한반도에서 사는 것을 말합니다. 일상과 관련해서는 적대적인 남북 관계와 그로 인해 곳곳에서 생기는 정치 싸움, 이념 논쟁, 남남 갈등 등이 사라지고 그런 일로 불안과 불편함을 겪지 않는 상태를 말합니다. 또한 접경 지역에 사는 사람들이나 군인들의 일상도 안전해지는 상태를 말합니다. 적대 관계는 실제로 일상의 안전을 위협합니다. 우리는 2013년과

2017년 일촉측발의 전쟁 위기를 겪었습니다. 2013년의 전쟁 위기는 2012년 북한의 장거리 로켓 발사 실험, 2013년 3차 핵실험 뒤 북한에 대한 국제 사회의 압박과 남한과 미국, 그리고 북한 사이의 군사적 긴장이 높아지면서 생겼습니다. 2017년의 전쟁 위기는 북한의 계속되는 핵무기와 미사일 개발에 대한 우리 정부와 국제 사회의 강력한 대응에 북한이 반발하면서 시작됐습니다. 특히 북한과 미국이 서로를 조롱하는 '말폭탄'을 주고받고 공격하겠다고 서로 으름장을 놓으면서 군사적 충돌 가능성이 높아졌습니다. 2023년 11월에 사실상 〈9·19 남북 군사 합의〉가 파기된 뒤에는 군사적 긴장이 높아진 경험을 했습니다. 남한과 북한의 무력 충돌을 막는 최소한의 안전판이 사라졌으니까요. 북한은 2018년 〈9·19 남북 군사 합의〉로 철거했던 비무장지대 감시 초소 일부를 합의가 파기되고 나서 복원하기도 했습니다. 그 결과 군인들은 경계 태세와 훈련을 강화하며 군사적 긴장에 대비해야 했고 접경 지역 주민들은 불안한 일상을 보내야 했습니다.

그렇다면 우리가 고려할 이익은 무엇일까요? 먼저 적대 관계 때문에 지출되는 군사비와 외교비 등 분단 비용의 감소, 적대 관계가 경제에 미치는 부정적 영향의 축소, 분단 비용 감소를 통한 경제적 어려움 완화와 삶의 질 향상 등의 이익이 있습니다. 북한과 군사적으로 대결하는 휴전 상태 국가라는 이미지에서 벗어나 평화적 공존을 추구하는 국가의 이미지를 만든다면 그것도 큰 이익이 됩니다. 실제 우리는 적대적인 남북 관계 때문에 시시때때로 불이익을 경험했습니다. 2016년 '고고도 미사일 방어 체계', 일명 사드(THAAD) 배치 이후 중국은 한국에 경제 보복과 한류 금지 등을 조치했습니다. 그 결과 기업, 관광업계, 연예계가 큰 타격을 입었습니다. 우리와 미국은 사드가 북한만 겨냥한 무기 체계라고 주장했지만 중국은 자국의 동향까지 탐지할 수 있는 사드의 성능을 지적하며 강하게 반발했습니다. 경제적 이익에는 적대 관계가 완화됐을 때 얻을 수 있는 이익을 얻지 못하는 것도 포함됩니다. 2008년 7월 금강산 관광 중단과 2016년 2월 갑작스러운 개성공단 폐쇄 이후에는 많은 기업과 노동자가 막대한 피해를 입었습니다. 북한과의 적대 관계가 좀 덜했다면, 그리고 우리의 이익에 초점을 맞춰 좀 더 신중했다면 생기지 않았을 일입니다. 정부 예산의 약 9퍼센트에 달하는 큰 규모의 국방 예산 또한 우리 삶의 질을 높일 수 있는 이익을 잃고 있는 사례입니다.

우리의 안전과 이익에 초점을 맞추면 두 가지 접근을 생각할

경기도 파주시 접경 지역에서 본 비무장지대와 폐쇄된 개성공단 일대(2024. 5. 8).

수밖에 없습니다. 하나는 북한과 원만한 관계를 유지하는 것이고, 다른 하나는 계속 대화를 시도하는 것입니다. 이것은 북한을 대화 상대로 인정할 때 가능합니다. 우리가 북한을 적으로 보고 있는데 대화 상대로 인정하는 건 모순이 아니냐는 질문을 할 수도 있습니다. 그런데 적과의 대화는 오히려 자연스러운 일입니다. 적이라고 계속 대화를 하지 않으면 결국 자신이 안전해질 수 없으니까요. 그래서 전쟁 중인 국가들도 전쟁 종식, 휴전, 인도주의 지원, 포로 교환 등을 위해 대화를 합니다. 우크라이나 전쟁이 일어난 직후 러시아와 우크라이나는 전쟁의 조기 종식을 위해 평화회담을 했습니다. 미국은 아프간전쟁을 끝내기 위해 적이었던 탈레반 세력과 수년 동안 대화를 했습니다. 적과 대화를 하는 또 다른 이유는 대화가 외교, 그리고 무력 충돌 예방과 전쟁 중단을 위한 기본적인 원칙이고 유일한 방법이기 때문입니다. 무엇보다 자기 이익을 위해서입니다. 그러니 우리도 북한과 대화할 수밖에 없고 그런 대화는 자연스러운 일입니다.

북한이 공산주의 체제이기 때문에 대화를 하는 건 바람직하지 않다고 생각하는 사람들도 있습니다. 그런데 우리는 이미 오래전에 중국, 베트남, 라오스 등 공산주의 국가들과 외교 관계를 맺었고 경제 협력을 넓혀 왔습니다. 또 다른 공산주의 국가인 쿠바와도 2024년 2월 수교했습니다. 모두 우리의 이익을 위해서입니다. 어떤 사람들은 북한과 대화를 하면 우리가 손해를 본다고 생각하기도 합니다. 북한은 인도주의 지원이나 경제 협력 등 남한으로부터 얻을 게 있지만 우리는 그렇지 않다는 겁니다. 그런데 대화는 각자의 이익을 위해 하는 것이고 우리가 북한과 대화를 했던 이유도 그렇습니다. 인도주의 지원이나 경제 협력을 통해 관계 개선과 군사적 긴장 완화 등 우리가 얻은 게 많습니다. 금강산 관광과 개성공단 운영으로 경제적 이익도 얻었습니다.

현재의 안전과 이익은 물론이고 우리의 미래를 생각한다면 북한과의 대화는 더욱 필요합니다. 가까운 미래에 통일을 하든 안 하든 우리는 평화로운 한반도에서 살기를 원하고 그러려면 북한과 적대 관계를 끝내고 협력 관계를 만들어야 하기 때문입니다. 신뢰를 높이고 나아가 평화적 공존 상태를 만들어야 하기 때문입니다. 이는 북한과의 대화가 없이는 불가능합니다. 우리는 북한과의 대화, 또는 적대 관계 지속을 선택할 수 있습니다. 그런데 과거의 경험을 보자면 남북 대화가 있을 때 우리는 심리적으로 안전함을 느끼며 편안하게 살았습니다. 그렇다면 대화를 하지 않을 이유가 없습니다.

5
어떤 대북 정책이 필요할까?

1. 때론 나빴다가 때론 좋았다가

남북 관계는 우리 사회에, 그리고 우리의 안전한 일상에 큰 영향을 미치는 중요한 문제입니다. 보통 국가는 다른 국가와 좋거나 적어도 나쁘지 않은 관계를 유지하려고 노력합니다. 관계가 나빠지면 정치적으로 불안하고 경제적으로 손해를 볼 수 있으니까요. 하지만 관계가 나빠져도 무력 충돌을 걱정할 만큼인 경우는 거의 없습니다. 그런데 남한과 북한의 관계는 다릅니다. 오래전 일이지만 전쟁을 했고 서로를 적으로 대하면서 수십 년을 지냈기 때문에 남북 관계는 좋지 않았습니다. 그렇지만 무력 대결을 완화하고 다양한 교류를 한 적도 있습니다. 남북 관계가 개선되고 좋아졌을 때 그랬습니다. 이렇게 남북 관계는 나쁠 때도 좋을 때도 있었습니다. 이유가 무엇일까요?

남북 관계가 나빠지거나 좋아지거나 하는 이유는 대북 정책이 달라지기 때문입니다. '대북 정책'이란 북한을 상대로 하는 정책을 말하는데 정부가 만들고 실행합니다. 그러니 대북 정책은 북한을 상대로 하는 우리 정부의 정책을 말합니다. 우리가 대북 정책을 가지고 있는 건 남한과 북한이 특별한 관계이기 때문입니다. 대북 정책은 모든 국민에게 영향을 미칩니다. 그러므로 대북 정책은 국민의 의견을 수렴하고 동의를 얻어 만드는 게 바람직합니다. 하지만 그러는 경우는 거의 없습니다. 대통령 선거나 국회의원 선거에서 승리하면 정부는 국민으로부터 모든 결정권을 넘겨받았다고 생각합니다. 그래서 대통령과 정부 부처가 결정해서 대북 정책을 만들고 국민에게는 알리기만 합니다. 어떤 정부는 이전 정부의 정책을 이어받고 거기에 새로운, 또는 조금 다른 정책을 추가합니다. 어떤 정부는 이전 정부의 정책을 무효로 하고 완전히 새로운 정책을 만듭니다. 중요한 건 이렇게 달라지는 대북 정책에 따라 남북 관계가 좋아지거나 나빠지거나 한다는 겁니다.

한국전쟁 이후부터 1980년대 말까지 우리 정부는 '반공' 이념, 그러니까 공산주의 북한에 반대한다는 생각에 기초해 강력하고 적대적인 대북 정책을 펼쳤습니다. 그러나 이때도 북한은 기본적으로 통일해야 할 대상이었습니다. 남한과 북한이 서로를 심하게 적대시했기 때문에 남북 관계가 개선되지는 않았지만 말입니다. 1988년 출범한 노태우 정부는 화해·협력에 초점을 맞춘 대북

중학교용 반공 교육 교과서 『승공 통일의 길』과 부록(1969년 발행).

정책을 펼쳤습니다. 1989년에는 〈한민족공동체 통일방안〉을 발표

했고, 1991년에는 남북 고위급 회담에서 〈남북 사이의 화해와 불

가침 및 교류 협력에 관한 합의서〉, 일명 〈남북 기본 합의서〉에 합

의했습니다. 이때 처음으로 남한과 북한이 서로의 존재와 체제를

인정했습니다. 남한과 북한 사이 교류와 협력, 그리고 국민 사이

자유로운 왕래와 접촉도 약속했습니다. 이것이 실현되지는 않았

지만 대북 정책은 적대적 정책에서 유화적 정책으로, 즉 북한과

잘 지내는 정책으로 변화됐습니다. 그 뒤의 김영삼 정부는 노태우

정부와 다르지 않은 대북 정책을 펼쳤습니다. 그런데 1993년에 북한이 '핵 확산 금지 조약(NPT, Nuclear Nonproliferation Treaty)'을 탈퇴하고 핵무기 개발 의지를 드러내면서 상황이 악화했습니다. 다행히 카터 전 미국 대통령의 중재로 남북 정상회담이 추진됐고 대화로 문제를 해결할 수 있다는 기대가 생겼습니다. 하지만 1994년 7월 김일성 주석이 갑자기 사망하면서 남북 정상회담은 무산됐습니다. 김일성 주석이 사망했을 때 정부는 그가 한국전쟁을 일으킨 주범이라며 조문을 하지 않았고 오히려 군의 경계 태세를 강화했습니다. 얼마 전까지 정상회담을 얘기했던 일이 무색하게 남북 관계는 급속도로 나빠졌고 북한이 적임을 강조하는 대북 정책으로 돌아갔습니다.

남북 관계가 획기적으로 변한 건 김대중 정부 때였습니다. 대북 정책이 바뀌었기 때문입니다. 정부는 '대북 화해 협력 정책', 다른 말로 '햇볕 정책'을 펼쳤는데 북한이 남한이 보내는 따뜻한 햇볕을 쪼이게 해 마음을 열게 하겠다는 것이었습니다. 햇볕 정책의 결과로 1998년 11월에 금강산 관광이 시작됐고 2000년 6월에는 첫 남북 정상회담이 평양에서 열렸습니다. 첫 경제 협력인 개성공단 사업에도 합의했습니다. 대화와 화해, 교류와 협력에 맞춘 대북 정책으로 남북 관계는 좋아졌고 신뢰가 쌓이기 시작했습니다. 노무현 정부는 김대중 정부의 정책을 이어받아 '평화와 번영 정책'을 실행했습니다. 군사적 충돌 걱정이 없는 평화 상태를 만들고 경제적으로 남한과 북한이 함께 번영하자는 것이었습니다. 김대중 정부에서 시작한 금강산 관광을 확대했고 2004년에는 개성공단의 가동을 시작했습니다. 2007년에는 2차 남북 정상회담도 개최했습니다. 남북 관계 개선을 위해 두 정부는 북한에 상당한 규모의 인도주의 지원도 계속했습니다. 군사적 대결이 사라진 건 아니었지만 남북 관계는 좋아졌고 다양한 공공 기관과 민간단체의 북한 방문이 많아졌습니다.

이명박 정부와 박근혜 정부는 북한에 압박을 가하는 대북 정책을 펼쳤습니다. 김대중 정부와 노무현 정부의 정책이 북한의 근본적인 변화를 만들지 못했고 무엇보다 핵무기 개발을 막지 못했다고 생각했기 때문입니다. 두 정부는 남북 관계 개선, 공동 번영 등을 포기하지 않았지만 먼저 북한에 핵무기 개발 포기를 요구했습니다. 이에 북한이 응하지 않으면서 남북 대화는 중단됐고 정부와 민간의 교류도 점차 줄다가 거의 사라졌습니다. 남북 관계가 나빠지고 금강산에서 남한 관광객 피살 사고까지 생기자 이명박 정부는 금강산 관광을 중단했습니다. 박근혜 정부는 핵무기 개발을 이유로 개성공단을 폐쇄했습니다. 경제 협력의 상징이면서 남한과 북한 모두에게 도움이 됐던 사업은 종식됐고 남북 대화도 끊겼습니다.

문재인 정부는 2017년의 전쟁 위기를 넘기고 2018년에 남북 관계를 획기적으로 변화시킬 기회를 만들었습니다. '평화와 번영의 한반도'라는 대북 정책에 따라 세 번의 남북 정상회담을 했습니다. 그러나 북한의 핵 개발 문제 해결을 위한 북한과 미국의 협상이 실패하면서 남북 관계도 후퇴했습니다. 핵무기 문제는 해결하지 못했으나 남북 관계는 아주 적대적이지는 않았습니다. 우발적인 군사 충돌을 막기 위해 체결된 〈9·19 남북 군사 합의〉는 접경 지역 주민들과 군인들의 안전에 도움이 됐습니다. 남북 관계는 나빠지고 있었지만 대북 정책은 변하지 않아서 관계 개선의 가능성은 열려 있었습니다. 이후 윤석열 정부는 문재인 정부의 대북 정책을 실패로 평가하고 완전히 반대의 정책을 취하기로 했습니다. 대북 정책의 핵심은 최대의 압박을 통해 북한의 행동을 바꾼다는 것이었습니다. 정부의 강경한 대응에 북한도 강경하게 대응했습니다. 강대강의 정치적·군사적 대결과 험한 말의 교환이 계속됐습니다. 2023년 11월 〈9·19 남북 군사 합의〉가 사실상 폐기된 뒤 군사적 긴장이 높아지고 접경 지역 주민들의 일상은 불안해졌습니다.

역대 정부의 대북 정책은 당시 남한과 북한 사이에 있었던 여러 사건과 상황을 반영해 신중하게 만들어졌습니다. 그런데 수십 년 동안의 대북 정책을 보면 일관성이 없다는 생각이 듭니다. 통일을 염두에 두고 북한을 통일의 상대로 여기는 건 같지만 정부가 바뀌면 정반대로 정책이 바뀌곤 했으니 말입니다. 그리고 한 가지 분명한 건 대북 정책에 따라 남북 관계가 좋아지기도 하고 나빠지기도 했다는 겁니다.

2. 압박이 필요하다

어떤 대북 정책이 필요한지에 대해 우리 사회의 의견은 크게 두 개로 나뉘어 있습니다. 그중 하나는 북한의 태도와 행동을 바꾸기 위해서는 힘으로 누르는 강한 압박이 필요하다는 의견입니다. 이렇게 생각하는 사람들은 북한과의 대화를 강조하는 대북 정책에 반대합니다. 가장 큰 이유는 북한을 대화의 상대로 인정할 수 없기 때문이라고 합니다. 북한은 공산주의 체제이고 그곳 김정은 정권은 국민을 탄압하고 착취하는 독재 정권이기 때문이라는 겁니다. 북한과 대화를 한다는 건 그런 독재 정권을 인정해 주는 것이라고 말합니다. 북한을 신뢰할 수 없다고도 합니다. 지난 수십 년 동안 대화를 통해 북한과의 적대 관계를 개선하고 핵무기 개발을 멈추게 하려고 노력했는데 북한이 약속을 지키지 않았다는 겁니다. 그런 북한과 대화를 하는 건 상식에 어긋나고 북한에게만 이익이 된다는 겁니다.

대화가 아닌 압박이 필요한 또 다른 이유는 북한이 계속 우리를 위협하기 때문이라고 말합니다. 북한은 수십 년 동안 무력으로 우리를 위협해 왔고 이제는 핵무기까지 개발해 한반도 전체를 위험에 빠뜨리고 있다는 거지요. 그러니 북한은 우리의 명백한 적이고 적과 대화를 하는 건 옳지 않다고 말합니다. 또한 북한 사람들을 위해서라도 힘으로 압박해 북한을 굴복시켜야 한다고도 말합니다. 김정은 정권하에서 고통을 받고 어려움을 겪고 있는 북한 사람들을 우리가 구해 줘야 한다는 얘기입니다. 압박을 주장하는 사람들은 특히 핵무기 개발과 관련해서는 최고의 압박을 가해야 한다고 생각합니다. 북한은 남한과 국제 사회의 강한 반대에도 불구하고 계속 핵무기를 개발하고 있고, 그로 인해 한반도는 물론 동북아시아와 세계까지 위협을 받고 있다는 거지요. 그러니 핵무기를 포기할 때까지 압박의 수위를 높여야 한다고 주장합니다.

북한의 태도와 행동을 바꾸기 위해, 그리고 핵무기 개발을 포기하도록 하기 위해 지금까지 여러 가지 압박이 가해졌습니다. 가장 자주 가해진 방식은 군사적 압박이었습니다. 우리 군은 북한의 핵무기 실험과 미사일 시험 발사 등이 있을 때마다 군의 경계를 강화하고 대규모 군사 훈련을 했습니다. 미군과의 연합 훈련을 통해 군사력을 과시하기도 했습니다. 미군은 핵탄두까지 탑재한 첨

미국의 핵 추진 항공모함 칼빈슨함이 북한의 군사정찰위성 3차 발사 예고 기간을 하루 앞두고 부산 작전 기지에 입항했다(2023. 11. 21).

단 전략폭격기를 휴전선 인근까지 보내고 핵잠수함을 한반도 해역에 보내 북한을 압박하곤 했습니다. 북한의 핵무기에 대응해 남한을 지원하는 미군의 핵무기 능력을 보여 주기 위해서였습니다. 2023년에는 이런 군사적 압박이 최고조에 달했습니다. 2022년과 2023년에 북한은 자주 미사일 발사 실험을 했고 우리 정부는 북한에 힘으로 대응하는 대북 정책을 펼쳤기 때문입니다. 크고 작은 규모로 우리 군의 훈련이 이어졌고 미군과의 연합 훈련이 역대급 규모로 실시됐습니다. 특히 미국의 항공모함, 핵잠수함, 핵 폭격기 등이 자주 우리 하늘과 바다에 등장했습니다. 북한에게 우리 군과 미군의 압도적인 군사력을 보여주고 압박을 가하기 위해서였습니다.

국제 사회는 유엔 제재를 통해 북한을 압박했습니다. 북한이 핵 실험을 할 때마다 유엔은 항상 북한에 대한 제재를 결의했습니다. 핵무기 개발을 그만두도록 국제 사회에서의 활동을 제한한 겁니다. 핵무기 개발과 관련된 로켓이나 미사일 발사 실험이 있을 때도 항상 규탄하는 성명을 발표했습니다. 특히 핵무기 개발 자금을 만들지 못하도록 강한 경제적 제재를 가했습니다. 유엔 제재로 북한은 석탄, 철, 수산물, 섬유 제품 등 거의 모든 수출을 할 수 없게 됐고 해외로 노동자도 보낼 수 없게 됐습니다. 유엔은 경제와 일상생활 유지에 반드시 필요한 원유와 정유 제품의 수입도 최소한으로 제한했습니다. 북한의 손발을 묶기 위해서였습니다. 국제 사회의 압박이 최고 수준에 이르렀지만 북한은 핵무기 개발을 포기하지 않았습니다.

우리 정부도 아주 이례적으로 경제적 압박을 시도한 적이 있었습니다. 정부는 2016년 2월 10일 입주한 기업들에게도 알리지 않고 갑자기 개성공단을 폐쇄했습니다. 북한이 4차 핵 실험을 하고 장거리 미사일 발사 실험을 한 뒤였습니다. 정부는 개성공단에서 일하는 북한 노동자들의 임금이 핵무기 개발에 쓰이는 것을 막기 위해서라고 설명했습니다.

북한에 대한 압박을 주장하는 사람들은 우리 군과 미군의 군사적 압박, 그리고 국제 사회의 제재는 당연하고 더 강해져야 한다고 말합니다. 압박을 통해 반드시 북한을 굴복시키고 핵무기를 포기시켜야 한다고 말합니다.

3. 대화가 필요하다

어떤 대북 정책이 필요한지에 대한 또 다른 의견은 대화가 필요하다는 것입니다. 이런 주장을 하는 사람들은 크게 두 가지 이유를 댑니다. 하나는 북한에 대한 압박이 효과를 내지 못했기 때문이고, 다른 하나는 압박이 오히려 상황을 악화시키기 때문이라는 거지요. 대화를 주장하는 사람들이 무조건 압박과 제재에 반대하는 건 아닙니다. 잘못된 행동을 지적하고 바로잡기 위해서는 적절한 압박과 제재가 필요하기도 하니까요. 문제는 압박과 제재만으로 북한을 상대할 수 없고 남한과 북한이 처한 복잡한 상황을 변화시킬 수도 없다는 겁니다.

대화를 주장하는 사람들은 먼저 우리 정부와 국제 사회가 압박으로 북한의 핵무기 개발을 막지 못했다는 점을 지적합니다. 특히 국제 사회는 경제적 제재로 북한에 타격을 줘서 핵무기 개발을 멈추게 하려고 했지만 실패했다는 겁니다. 경제적 제재가 효과를 내려면 잘못된 일을 계속했을 때 큰 손해를 입어야 합니다.

그런데 북한에게는 그 손해가 체제 보장을 위해 필요한 핵무기 개발을 포기할 수준은 아니었던 겁니다. 국제 사회로부터 경제 개발에 필요한 도움을 받지 못하는 상황이었고 다른 국가와의 무역 거래도 많지 않았기 때문입니다. 한국전쟁 이후 줄곧 미국과 국제 사회의 압박과 제재를 받아 온 북한이 그런 일에 익숙했기 때문일 수도 있습니다. 대화를 주장하는 사람들은 어쨌든 압박과 제재가 효과가 없었다고 강조합니다. 우리 정부가 개성공단을 폐쇄한 것도 북한에 별 타격이 되지 않았습니다. 피해를 본 건 북한 노동자들과 우리 기업들이었습니다. 사실 정부도 개성공단 임금이 핵무기 개발에 쓰이지 않는다는 걸 알고 있었습니다. 그래도 북한에 타격을 주려고 개성공단을 폐쇄했는데 결국 실패했습니다.

압박에 반대하는 사람들은 군사적 압박도 효과가 없다는 것이 증명됐다고 말합니다. 우리는 북한이 함부로 무력을 사용하지 못하게 만들 만한 수준의 군사력을 가지고 있습니다. 그렇지만 군사적 긴장이 높아지거나 우발적인 충돌이 생기지 않도록 관리합니다. 그런데 2022년부터 2023년까지의 상황은 좀 달랐습니다. 새롭게 출범한 정부는 강경한 대북 정책과 군사적 압박을 선택했고 그로 인해 오히려 군사적 긴장이 높아졌습니다. 우리 군과 미군이 함께 막강한 군사력을 과시했고 군사적 압박은 2023년에 최고 수준에 이르렀습니다. 대화를 주장하는 사람들은 이런 군사적 압박이 효과가 없었다고 말합니다. 북한이 핵무기 개발을 멈추지 않았으니까요. 군사적 압박이 계속되니 오히려 그에 대항하기 위해 핵무기 개발을 완수해야 한다고, 그리고 더는 대화를 할 수 없다고 생각했을 수도 있다는 겁니다.

또한 효과 없는 군사적 압박 때문에 우리의 일상만 불안해진다고 말합니다. 북한은 우리 군과 미군의 군사력이 월등히 강하다는 걸 잘 알고 있고 군사적 압박은 군사적 긴장만 높일 뿐이라는 겁니다. 군사적 압박이 한계가 있다는 점도 지적합니다. 북한을 굴복시키기 위해 북한을 공격하거나 전쟁을 할 수는 없으니 말입니다. 그래도 군사적 압박이 계속되면 우발적인 충돌이 생길 수 있어서 결국 우리가 위험해진다고 말합니다.

압박이 여러 가지 면에서 상황을 악화시켰다는 점도 지적합니다. 우선은 남북 관계가 아무런 희망이 보이지 않을 정도로 얼어붙었다는 겁니다. 우리는 북한을 다시 '적'으로 부르고, 북한은 남한이 적대국이며 통일을 할 수 있는 상대가 아니라고 했으니 말입니다. 군사적 긴장이 높아져서 우발적인 충돌이 일어날 수도 있는 상황이 됐고 그로 인해 특히 접경 지역에 사는 사람들의 불안이 커졌다는 겁니다. 국제 사회의 제재가 북한의 핵무기 개발 의지는 꺾지 못하고 북한 사람들의 생활만 어렵게 만들었다는 점도 지적합니다. 남한과 북한이 강대강 대결을 계속하면서 무력 경쟁의 악순환이 계속되고 있는 점도 지적합니다. 그 결과 경제 성장률이 낮아지고 있는 남한도, 경제 상황이 여전히 좋지 않은 북한도 계속 무기에 막대한 예산을 쏟아붓고 있다는 겁니다.

북한에 대한 압박을 주장하는 사람들은 북한이 대화할 의지가 없는데 우리가 대화를 주장하는 건 이치에 맞지 않고 북한에 대화를 구걸해서는 안 된다고 말합니다. 그런데 북한이 대화할 의지가 아예 없지는 않습니다. 2018년의 상황을 보면 알 수 있습니다. 당시 북한은 남북 정상회담과 북미 정상회담을 통해 적극적으로 대화에 나섰습니다. 미국이 북한을 공격하지 않는다는 약속을 하고 유엔의 제재를 풀어 주면 핵무기를 포기할 수 있다고 했습니다. 북한은 남한, 미국과의 정상회담에서 경제 개발을 절실하게 원하고 있음을 드러냈습니다. 그러나 미국과의 협상은 실패했고 남한이 미국과의 협상을 도울 수도 없다고 생각해 대화를 중단했습니다.

대화를 주장하는 사람들은 효과가 없는 압박은 중단하고 새로운 대화를 모색하는 것이 북한의 핵무기 개발을 멈추게 하고 우리가 안전해지는 길이라고 말합니다. 실패한 방법을 계속하는 건 효율적이지 않고 서로가 원하는 것을 얻을 수 있도록 협상을 해야 한다고 말합니다. 그러려면 압박에 초점을 맞춘 대북 정책이 변해야 한다고 주장합니다.

4. 대북 정책은 왜 필요할까?

남북 관계에 아예 관심이 없는 사람은 거의 없습니다. 우리가 남북 관계에 관심을 가지는 이유는 남한과 북한이 특별한 관계이기 때문입니다. 북한은 우리가 70년 이상 얘기해 온 통일의 대상입니다. 그러므로 남북 관계는 통일에 도움이 되어야 하고 최소한 통일을 방해하지는 않아야 한다고 생각합니다. 또 한반도 위쪽에 있는 북한은 우리와 육지로 맞닿아 있고, 그러니 당연히 관계에 신경을 써야 합니다. 북한은 우리와 군사적으로 대결하고 있기도 합니다. 그래서 남한과 북한은 항상 상대의 태도와 행동을 주시합니다. 이 모두는 남한과 북한이 운명적인 관계임을, 그리고 우리가 남북 관계에 무관심할 수 없음을 말해 줍니다. 남북 관계가 좋거나 원만하면 우리의 일상은 편안해집니다. 반대로 남북 관계가 나쁘거나 군사적 긴장이 높아지면 우리의 일상은 불안해지고 실제로 위험해집니다.

남북 관계가 우리의 일상에 미치는 영향을 생각하면 일반 국민인 우리가 남북 관계를 좌우하는 대북 정책에 목소리를 내는 것이 당연해 보입니다. 그러나 대북 정책은 국민이 아닌 정부가 결정합니다. 국민의 의견을 잘 반영해서 대북 정책을 결정하는 일은 드뭅니다. 그러니 국민이 원하는 대북 정책과 정부의 대북 정책이 맞지 않는 경우가 생깁니다. 이는 여론 조사를 통해서도 확인할 수 있습니다.

2023년 봄은 남북 관계가 최고 수준으로 악화되고 군사적 긴장이 높았던 때였습니다. 북한은 핵무기 개발을, 우리는 군사적 압박을 계속했습니다. 이때 민주평화통일자문회의(이하 민주평통)는 남북 간 긴장이 높아진 상황에서 어떤 대북 정책이 필요한지 묻는 여론 조사를 실시했습니다. 그 결과를 담은 『통일·여론 동향(2023년 1분기)』에 따르면 응답자 중 가장 많은 34.7퍼센트가 '지속적인 남북 대화 제의'를 선택했고, 15.8퍼센트만 '군사력 대응 강화'를 선택했습니다. 그 밖에 '국제 공조 강화', '중국과 러시아와의 협력을 통한 북한 설득', '대북 제재 완화' 등을 합하면 대화와 외교를 통한 해결 방법을 선택한 비율이 74퍼센트를 넘었습니다. 강경한 태도를 유지한 정부의 대북 정책과는 큰 차이를 보였습니다. 민주평통이 2023년 11월에 실시한 여론 조사에서도 강경한 대북 정책과는 다른 여론이 확인됐습니다. 2024년도 통일·대북 정책의 우선 과제로 '남북 관계 정상화'를 선택한 사람이 38.9퍼센트로 가장 많았습니다. 강대강 대결을 끝내고 원만한 남북 관계를 원하는 사람이 많았던 겁니다.

2023년 11월 우리 군이 일부 조항의 효력 정지를 선언했고 이어서 북한이 사실상 무효화를 선언한 〈9·19 남북 군사 합의〉에 대해서도 국민의 생각은 정부의 생각과 달랐습니다. 2022년 10월 정부는 이 합의의 효력 정지를 염두에 두고 있었고 민주평통은 이에 대한 여론을 조사했습니다. 조사 결과 응답자의 57.1퍼센트가 '9·19 군사 합의를 우리 정부만이라도 지켜야 한다'에 공감했습니다. '매우 공감한다'가 35.5퍼센트, '대체로 공감한다'가 21.6퍼센트였습니다. '별로 공감하지 않는다'는 비율은 17.4퍼센트, '전혀 공감하지 않는다'는 19.4퍼센트로 둘을 합치면 36.8퍼센트로 공감 비율에 비해 매우 낮았습니다. 또한 북한의 군사적 도발이 있어도 긴장 완화를 위해 '북한과의 대화의 가능성을 열어 놓아야 한다'에 공감한 비율은 70퍼센트를 넘었습니다. 그러나 정부는 북한의 연이은 도발에 대한 대응으로 2024년 6월 4일 〈9·19 남북 군사 합의〉 전체의 효력을 정지했습니다.

문재인 정부는 북한과의 대화에 초점을 맞춘 대북 정책을 펼쳤습니다. 그 결과 2018년에는 10여 년 만에 남북 관계가 좋아졌습니다. 그러나 서로의 이익이 맞지 않으면서 대화는 단절됐고 남북 관계는 점차 나빠졌습니다. 2019년 5월 한 언론사가 문재인 정부의 대북 정책에 대해 물었을 때 '성과가 있었다'고 답한 비율은 52.8퍼센트였고 '성과가 없었다'고 답한 비율은 45.3퍼센트였습니다. 그보다 1년 뒤인 2020년 6월에 또 다른 언론사가 실시한 여론 조사에서는 긍정적 평가가 48.8퍼센트, 부정적 평가가 48.2퍼센트로 이견이 팽팽했습니다. 어쨌든 이 결과로는 문재인 정부의 대북 정책을 '실패'라고 단정하기 어렵습니다.

그렇다면 여론 조사 결과는 왜 정부의 대북 정책 방향과 다를까요? 이는 정부의 대북 정책이 국민의 의견을 제대로 반영하지 못한다는 사실을 보여 줍니다. 국민은 되도록 남북 관계가 좋게, 최소한 싸우지는 않고 원만하게 유지되기를 바랍니다. 남북 관계가 좋지 않으면 일상이 불안해지고, 군대 복무를 하는 가족의 안전이 걱정되기 때문입니다. 남한과 북한이 외면할 수 없는 운명 공동체라는 것 또한 알고 있기 때문입니다. 그렇다면 왜 정부는 국민의 목소리를 반영한 대북 정책을 만들지 않는 걸까요? 이유는 크게 두 가지입니다. 하나는 국민은 전문가가 아니라고 생각하기 때문이고, 다른 하나는 정부의 결정이 법적으로 문제가 없으며 국민을 위해서도 좋은 일이라고 생각하기 때문입니다. 물론 전문가가 아니고 정보도 많지 않지만 국민들도 북한이 까다로운 상대이고 남북 관계가 복잡한 문제라는 건 알고 있습니다. 북한의 잘못도 잘 알고 있습니다. 그렇지만 북한과 싸우기만 하면 문제가 해결되지 않는다는 것 또한 잘 알고 있습니다. 정부는 대북 정책을 결정할 권한이 있고 상황에 따라 압박 또는 대화 정책을 쓸 수 있습니다. 그런데 국민의 다양한 생각과 바람도 대북 정책에 반영해야 합니다.

그렇다면 대북 정책은 왜 필요할까요? 모든 정책은 국민을 위해서 필요하고 대북 정책도 결국 국민을 위해 필요합니다. 대북 정책은 국가의 안전과 미래의 통일을 위해 북한과의 관계를 잘 관리하고 발전시키기 위한 정책입니다. 그런데 무엇보다 중요한 건 국민의 안전한 생활과 나은 미래를 위한 정책이어야 합니다. 그러므로 정치인이나 전문가의 의견과 같이 국민의 의견 또한 대북 정책에 잘 반영되어야 합니다.

6

비핵화는 어떻게 가능할까?

1. 한반도에 핵무기가 있다

1993년 3월 북한이 '핵 확산 금지 조약(NPT)' 탈퇴를 선언했습니다. 국제원자력기구(IAEA, International Ato-mic Energy Agency)가 핵무기 개발을 의심해 북한을 여섯 차례 사찰한 다음 해였습니다. NPT는 핵무기 제조와 사용을 막기 위한 유엔 조약인데 북한이 이를 탈퇴한 건 핵무기 개발을 인정한 것이나 마찬가지였습니다. 이로써 일명 '1차 북핵 위기'가 시작됐습니다. 미국은 "북한이 핵을 개발해 사용하려 한다면 북한의 최후가 될 것"이라고 경고했습니다. 북한의 핵무기 개발 시설을 공격하려고 항공모함 2척과 함정 33척을 동해로 보내기까지 했습니다. 다행히 지미 카터 전 미국 대통령이 평양을 방문해 김일성 주석을 만났고 이후 북한과 미국은 1994년 10월에 '제네바 합의'에 서명했습니다. 이 합의에서 미국은 북한에 핵무기를 사용하거나 핵무기로 위협을 하지 않겠다고 약속했습니다. 또 북한의 에너지 문제 해결을 위해 중유를 공급하고 장기적인 에너지 발전을 위해 경수로 완공을 추진하겠다고 했습니다. 북한은 비핵화를 위한 조치를 하겠다고 약속했습니다. 양측은 정치적·경제적 관계도 개선하기로 합의했습니다. 이로써 1차 북핵 위기는 일단락됐습니다.

'2차 북핵 위기'는 2002년 10월 북한을 방문한 미국 대표단이 핵탄두를 개발하고 있다는 증거를 대자 북한이 이를 시인하면서 시작됐습니다. 이후 북한의 핵무기 개발을 중단시키기 위해 남한과 북한, 그리고 미국, 중국, 러시아, 일본이 참여하는 6자 회담이 시작됐습니다. 6자 회담은 2003년 8월에 첫 회의를 시작했는데 과정이 순조롭지 않았습니다. 마침내 2005년 9월 치열한 협상 끝에 〈9·19 공동 성명〉이 합의됐습니다. 북한은 모든 핵무기 개발 계획을 포기하고 되도록 빨리 NPT에 복귀하며 IAEA의 안전 조치도 받아들이겠다고 약속했습니다. 미국은 "핵무기 또는 재래식 무기로 북한을 공격 또는 침공할 의사가 없음을 확인"했습니다. 모든 참여국이 북한의 핵에너지 평화적 이용 권리를 인정하고 북한에 경수로를 제공하는 일을 논의하기로 했습니다. 또 북한에 중유를 지원하겠다고 했습니다. 이런 와중에도 적대 관계는 계속됐습니다. 미국은 2005년 초부터 북한이 자금을 예치한 방코델타아시아(BDA, Banko Delta Asia) 은행에 제재를 가했고 BDA는 미국의 압력 때문에 북한의 예금 계좌를 동결했습니다. 북한은 사실상 해외 송금 및 결제가 마비되자 분노했습니다. 2006년 5월에 한미 연합훈련이 개시되자 북한은 이는 〈9·19 공동 성명〉의 규정을 위반한 것이라며 항의했습니다. 핵무기를 탑재한 항공모함까지 동원된 한미 연합훈련은 북한 공격을 위한 훈련이며 중대한 군사 도발이라고 했습니다. 그리고 2006년 10월에 제1차 핵 실험을 실시했습니다. 6자 회담은 2007년 2월에야 다시 열렸고 합의 실행을 위한 구체적 방법을 결정했습니다. 그러나 북한에 대한 중유 제공은 약속한 일정에 맞춰 이뤄지지 않았습니다. 2009년 3월 북한은 이에 불만을 표시하며 영변 핵 시설을 정지시키기 위한 사용후 핵연료봉 인출을 하루 15개에서 1주 15개로 줄였습니다.

남한과 미국을 포함한 참가국들은 회담을 통해 북한의 핵무기 개발을 중단시키려고 노력했고 북한도 안전 보장과 경제적 지원을 대가로 핵무기를 포기하려고 했습니다. 북한은 영변 핵 시설 정지를 위한 작업을 실행했고 2008년 6월에는 미국 관리의 참관 하에 영변의 원자로 냉각탑을 폭파하기도 했습니다. 그러나 결과적으로 핵무기 개발 중단 노력은 실패했습니다. 남한과 북한, 북한과 미국 사이의 오래된 적대와 불신으로 합의가 제대로 실행되

2008년 북한이 공개한 영변 원자로 냉각탑 폭파 장면.

지 않았고 북한도 성실하게 핵무기 포기 과정을 실행하지 않았습니다. 모두가 노력한 건 사실이지만 충분한 노력은 하지 않았던 겁니다. 6자 회담은 2007년 10월 이후 중단됐습니다. 2009년 5월 북한은 2차 핵 실험을 했고 6자 회담에서 합의한 해결 방식은 사실상 폐기됐습니다. 2017년 9월 북한은 6차 핵 실험까지 했고 실질적으로 핵무기를 보유한 국가가 됐습니다. 이후 핵탄두 소형화와 장거리 발사를 위한 미사일 발사 실험을 계속하고 있습니다.

북한의 핵무기 개발을 중단시키기 위한 노력은 2018년에 다시 시작됐습니다. 2018년 초에 북한은 남한과의 관계를 개선하고 핵무기 개발을 중단할 의지가 있음을 드러냈습니다. 북한은 대신 경제 개발을 위한 기회를 찾고자 했습니다. 2018년 4월의 남북 정상회담에서 서명한 〈판문점 선언〉에서 양측은 한반도에서 평화체제 구축을 위해 적극적으로 협력하기로 합의했습니다. 이를 위해 "완전한 비핵화를 통해 핵 없는 한반도를 실현한다는 공동의 목표"를 확인했습니다. 북한은 2018년 6월에 싱가포르에서 열린 북미 정상회담에서도 '비핵화'에 대한 의지를 드러냈습니다. 합의문에서 미국은 북한에 안전 보장을 약속했고 북한은 한반도의 "완전한 비핵화"를 위한 "확고부동한 의지"를 재확인했습니다. 북한은 핵무기 개발을 포기하는 대신 미국이 북한에 대한 국제 사회의 경제 제재를 풀어 주길 원했습니다. 2019년 2월 하노이에서 열린 2차 북미 정상회담에서 북한의 핵무기 개발 중단과 대북 제재 해제가 합의될 것으로 전 세계가 기대했습니다. 북한은 영변의 핵 시설을 완전히 폐기하는 대신 수출과 수입, 민생과 관련된 다섯 건의 제재를 해제할 것을 요구했습니다. 미국은 모든 핵 시설과 핵무기 목록의 제출을 요구했습니다. 신뢰가 낮은 상황에서 지나친 요구를 한다고 생각한 북한은 이를 거절했고 결국 양국은 합의에 이르지 못했습니다. 북한의 핵무기 개발을 중단시킬 또 다른 기회는 사라졌고 북한은 대화와 협상을 중단했습니다.

스톡홀름 국제평화연구소(SIPRI, Stockholm International Peace Research Institute)는 2023년 6월 공개한 『2023년 SIPRI 연감』에서 북한이 핵탄두를 30기 정도 보유하고 있다고 보고했습니다. 한반도에 핵무기가 있는 겁니다. 그런데 북한이 핵무기를 개발하기 전에도 한반도에 핵무기가 있었습니다. 미국이 남한의 미군 부대에 핵무기를 배치했었기 때문입니다. 1970년대에는 핵무기가 700개나 됐습니다. 1980년대에는 100~200개로 줄었다가 1990년대에는 100개 정도가 있었던 것으로 알려져 있습니다. 지금은 미군 부대에 핵무기는 없습니다. 그렇지만 북한이 핵 실험이나 미사일 발사 실험을 할 때, 또는 군사적 긴장이 고조될 때 미국이 핵무기를 탑재한 전략폭격기나 항공모함을 남한으로 보냅니다. 우리가 핵무기를 가진 건 아니지만 한반도는 북한의 핵무기와 미국의 핵무기가 대결하는 곳입니다.

2. 비핵화가 되어야 평화적 관계가 가능하다

북한이 핵무기 개발을 시작한 이후 한반도에서 핵무기를 없애는 비핵화 문제는 남한과 북한 사이의 가장 심각한 문제가 되었습니다. 많은 사람이 이 문제를 해결하지 않으면 남북 관계를 개선하기도, 앞으로 북한과 통일을 얘기하기도 힘들다고 말합니다. 비핵화 문제 때문에 남한과 북한의 관계가 악화되고 군사적 긴장이 높아지고 있습니다. 그렇지만 우리 정부는 아직 비핵화 방법을 찾지 못하고 있고 우리 사회에도 서로 다른 의견이 충돌하고 있습니다.

비핵화 방법에 대해서는 크게 두 개의 의견이 있습니다. 그중 하나는 북한이 먼저 핵무기를 포기해야 한다는 주장입니다. 그래야 남한과 북한이 서로를 적대시하지 않고 전쟁의 위험이 없는 상황을 만들 수 있다는 겁니다. 이런 주장을 하는 사람들은 우선 북한이 핵무기를 만든 목적을 비난합니다. 국민의 안전이 아니라 김정은 정권을 유지하기 위해서 핵무기를 만들었다는 겁니다. 그래서 핵무기 개발을 중단하면 경제적 지원을 하겠다는 국제 사회의 제안을 뿌리쳤다고 말합니다. 북한을 신뢰할 수 없다는 얘기도 합니다. 북한이 6자 회담의 합의를 지키지 않았고 도중에 핵 실험도 한 사실을 들어서입니다. 2018년에 남북 정상회담과 북미 정상회담에서도 비핵화를 약속했지만 지키지 않았다고 얘기합니다. 북한이 국제 사회를 속이고 계속 핵무기를 개발했다고 말합니다.

북한이 먼저 핵무기를 포기해야 한다고 주장하는 사람들은 핵무기가 있는 한 북한과 절대 평화를 얘기할 수 없다고 말합니다. 핵무기로 우리를 협박하는 북한이 말하는 평화를 믿을 수가 없다는 거지요. 북한과 대화를 하고 평화를 얘기하는 건 북한의 협박에 굴복하는 것이라고 말하기도 합니다. 특히 2022년 9월에 북한이 '핵 무력 정책법'을 만들어서 핵무기를 방어만이 아닌 선제적 공격, 그러니까 적을 제압하기 위해 공격이 있기 전 미리 공격하는 데 사용할 수 있게 한 점을 강조합니다. 핵무기로 남한을 노골적으로 협박하고 있다는 겁니다.

북한이 먼저 핵무기를 포기해야 한다는 주장과 이유는 여러 상황을 고려하면 타당해 보입니다. 그런데 그런 주장에는 우리 입장만 생각한 점도 있습니다. 북한이 대화와 협상을 하면서도 계속 핵무기를 개발한 건 사실이지만 거기에는 신뢰 부족 문제가 있었습니다. 남한과 미국, 그리고 국제 사회는 북한을 신뢰하지 않았고 북한도 그랬던 것이지요. 그리고 앞에서 얘기한 것처럼 북한에 약속했던 지원을 제대로 하지 않아서 신뢰가 깨진 면도 있었습니다. 또 2018년에 북한은 경제 개발을 위해 핵무기를 포기할 생각으로 남북 정상회담과 북미 정상회담을 했는데 결국 실패했습니다. 이에 대해서는 어느 한쪽만을 탓할 수가 없습니다. 서로 원하는 것과 입장이 맞지 않아서 협상에 실패한 거니까요.

북한의 '핵 무력 정책법'도 자세히 살펴봐야 합니다. 북한이 핵무기를 공격용으로 쓰겠다는 게 아니라 안전을 엄중히 위협하는 외부의 침략과 공격이 있으면 최후의 수단으로 사용할 수 있다는 겁니다. 또한 핵무기가 없는 국가들이 북한 침략이나 공격에 가담하지 않으면 사용하지 않는다는 내용도 있습니다. 미국도 이와 비슷한 원칙을 가지고 있습니다. 북한이 핵무기를 가진 국가라는 걸 보여 주기 위해 그런 법을 만들었다고 볼 수 있습니다.

그런데 북한이 무조건 먼저 핵무기를 포기해야 한다는 주장에는 비핵화를 할 구체적인 방법이 들어 있지 않습니다. 대화와 협상 없이 계속 압박을 가하면 북한이 핵무기를 포기할까요? 포기하지 않으면 무력을 사용해야 할까요? 그렇게 되면 한반도에 전쟁이 일어날 수 있는데 괜찮을까요? 이런 문제들을 함께 생각해 보지 않을 수 없습니다.

3. 평화적 관계가 되어야 비핵화가 가능하다

비핵화 방법에 대한 또 다른 주장은 먼저 북한과 적대 관계와 군사적 대결을 중단해야, 다시 말해 평화적 관계가 되어야 비핵화가 가능하다는 것입니다. 이런 주장을 하는 사람들은 먼저 북한이 핵무기 개발을 하게 된 근본적인 이유를 생각해 봐야 한다고 말합니다. 남한과 북한은 한국전쟁 이후 계속 무력 경쟁을 했는데 남한의 무력은 오래전에 북한을 앞질렀습니다. 남한의 국방 예산은 북한보다 10배나 많고 남한의 1년 국방 예산은 북한의 1년 국내총생산(GDP)의 약 1.5배입니다. 게다가 남한에는 미군도 있습니다. 북한에는 외국 군대가 없습니다. 한국전쟁 중에 들어왔던 중국군이 정전이 된 뒤에도 주둔했지만 1958년에 철수했습니다. 남한에는 미군이 여전히 주둔하고 있고 1958년부터 1991년까지는 미국이 배치한 핵무기도 있었습니다. 지금은 남한에 핵무기는 없지만 미국은 한반도에 군사적 긴장이 있을 때마다 핵무기를 실은 폭격기와 항공모함을 보내 북한을 압박합니다. 북한은 월등히 강한 남한의 군사력, 그리고 핵무기를 가진 미국의 군사력을 두려워합니다. 평화적 관계가 먼저여야 한다고 주장하는 사람들은 북한이 핵무기를 개발한 이유가 이런 군사적 열세를 극복하기 위해서라고 말합니다. 실제로 북한은 핵무기 개발과 관련된 대화와 협상에서 항상 미국에 안전 보장 약속, 다시 말해 북한을 침공하지 않겠다는 약속을 요구했습니다.

미국이 북한을 핵무기 선제공격 대상 국가 중 하나로 지정해놓고 있는 것 또한 북한이 핵무기 개발을 멈추지 않는 이유라고 말합니다. 미국은 2002년도에 『핵 태세 검토 보고서(NPR, Nuclear Posture Review)』에서 미국의 핵무기 선제공격 대상이 되는 7개 국가 중 하나에 북한을 포함시켰습니다. 당시 북한은 한 번의 핵 실험도 하지 않은 상황이었습니다. 지금까지도 북한은 미국의 선제공격 대상입니다. 북한은 미국의 공격을 두려워하고 그래서 핵무기 개발을 멈추지 않고 있다는 겁니다. 이런 상황을 해결하기 위해서는 북한보다 군사력이 강한 남한과 미국이 먼저 북한의 안전을 보장해야 한다고 주장합니다. 대화를 통해 신뢰를 만들고 평화적 관계를 만들기 위해 노력해야 한다는 거지요.

비핵화를 위해서는 대화와 협상이 가장 현실적인 방법이라는 주장도 합니다. 북한은 무너지지 않을 것이고, 그렇다고 북한을 전쟁으로 무너뜨릴 수도 없다는 겁니다. 그러니 북한이 핵무기를 포기하게 만들려면 결국 대화를 통해 서로에게 무엇이 이익인지 알아보고 협상을 해야 한다는 것이지요. 사실 이런 방법은 국제 사회에서 문제가 있을 때 가장 흔하게, 그리고 반드시 쓰는 방법입니다. 그러니 북한과 대화가 안 된다고 하지 말고 대화를 시작할 수 있는 여건을 먼저 만들어야 한다는 겁니다. 그러기 위해서는 북한이 싫어하고 두려워하는 '한미 연합 군사훈련'의 중단도 필요하다고 얘기합니다. 2018년 4월 북한은 핵 실험과 대륙간탄도미사일 시험 발사를 중단했고, 남한과 미국은 남북 정상회담과 북미 정상회담을 계기로 대규모 훈련을 중단하기로 했습니다. 그러나 2019년 2월 하노이 북미 정상회담이 결렬되고 난 뒤 북한은 한미 연합 군사훈련이 계속되고 있다며 비난했고 2022년부터는 핵 실험과 미사일 발사 실험 중단 조치를 철회했습니다. 이것은 한반도에서의 무력 경쟁과 대결이 북한 핵무기 개발의 이유, 또는 핑계가 되고 있음을 잘 보여 준다는 겁니다.

　북한과의 대화와 협상을 통해 평화적 관계를 먼저 만들어야 한다는 주장에 반대하는 사람들은 북한이 대화에 나오지 않기 때문에 이런 주장은 부질없다고 말합니다. 또한 여태껏 북한이 대화에 끝까지 성실하게 임한 적이 없고, 합의가 이뤄져도 약속을 지키지 않을 것이라고 합니다. 이런 어려움은 모두가 잘 알고 있습니다. 그런데도 대화를 통한 문제 해결을 주장하는 건 그것이 가장 안전하고 현실적인 방법이기 때문이라는 겁니다. 남한과 북한, 그리고 북한과 미국 사이의 대화가 중단된 가장 큰 이유는 얻으려는 이익과 문제 해결 방법이 서로 달랐기 때문입니다. 이는 오히려 자연스러운 일이고 서로 다른 생각을 다시 살펴보고 조율하기 위해 대화가 필요하다는 겁니다.

4. 비핵화 말고도 대안이 있을까?

북한이 핵무기 개발을 포기할 마음이 없으므로 우리도 핵무기를 가져야 한다고 주장하는 사람들이 있습니다. 북한의 핵무기 개발 시도가 알려지고 몇 년 지난 1996년에 미국의 랜드(RAND) 연구소가 우리 국민에게 실시한 여론 조사에서 남한의 '핵무기 보유'에 찬성한 비율은 91.2퍼센트에 달했습니다. 그런데 같은 연구소가 3년 뒤 실시한 여론 조사에서는 찬성 비율이 82.3퍼센트였고, 2013년에 국내 한 연구원이 실시한 여론 조사에서는 61.9퍼센트가 찬성했습니다. 이때는 북한이 3차 핵 실험을 한 뒤였는데도 이전보다 찬성 비율이 낮아졌습니다. 해가 지날수록 찬성 비율은 낮아졌습니다.

2020년대의 조사에서도 비슷한 결과가 나왔습니다. 북한이 핵무기 개발에 박차를 가하고 사실상 핵무기를 보유하게 됐지만 남한의 핵무기 보유에 찬성하는 비율은 해마다 낮아졌습니다. 통일연구원의 『KINU 통일의식조사 2023』에 따르면 2021년에 찬성 비율은 71.3퍼센트였는데 2022년에는 69퍼센트였고 2023년에는 60.2퍼센트였습니다. 2023년 4월 한 언론사가 실시한 여론조사에서는 '매우 찬성'이 29.8퍼센트, '찬성하는 편'이 26.7퍼센트로 둘을 합치면 찬성이 56.5퍼센트였습니다. 반대는 40.8퍼센트였습니다.

많은 사람이 북한의 핵무기를 걱정하면서도 왜 우리가 핵무기를 개발하는 데에는 반대할까요? 이유는 핵무기 개발이 가져올 영향 때문입니다. 2023년 4월 통일연구원은 1001명을 대상으로 '통일 의식 조사'를 하면서 처음에는 단순하게 핵무기 보유 찬성과 반대에 대해 물었습니다. 이때 찬성은 60.2퍼센트였습니다. 그러고는 우리가 핵무기를 개발했을 때 직면할 수 있는 위기를 설명했습니다. 북한이 겪는 것과 같은 국제 사회의 경제 제재, 남한의 핵무기 개발을 반대하는 미국과의 한미 동맹 파기와 그에 따른 안보 위협, 천문학적인 핵무기 개발 비용, 환경 파괴, 국제 사회에서 평화로운 국가 이미지 상실 등이었습니다. 그런 다음 찬성과 반대를 물었더니 찬성 비율은 37퍼센트로 대폭 낮아졌습니다. 우리가 핵무기를 개발한다면 여섯 가지 위기가 발생할 가능성이 있다는 데 동의한다는 답변이 60퍼센트가 넘었습니다. 핵무기를 개

1946년 7월 1일 비키니섬에서 이루어진 핵 실험 뒤 솟아오르는 버섯구름.

발할 때 감수해야 하는 손해를 생각하면 핵무기를 개발하지 않는 편이 낫다고 생각한 겁니다.

미국은 1946년에서 1958년까지 태평양의 마셜제도 비키니섬에서 21차례 핵 실험을 했습니다. 이때 실험한 핵폭탄은 히로시마 원자폭탄보다 1000배나 강력했습니다. 프랑스는 1966년에서 1996년까지 남태평양 폴리네시아에서 193회의 핵 실험을 했습니다. 핵 실험으로 마셜제도와 폴리네시아 주민 대부분이 피폭을 당했고 많은 암 환자가 생겼습니다. 바다가 심각하게 오염됐고 지금까지도 방사성 물질이 사라지지 않았습니다. 북한의 핵 실험 피해에 대해서는 알려진 정보가 없습니다. 그러나 핵 실험은 사람과 자연에 막대한 피해를 줍니다. 이런 무서운 피해는 핵무기를 개발하지 않고 가지지 않아야 할 이유를 잘 말해 줍니다.

2021년 1월 22일 유엔의 '핵무기 금지 조약(TPNW, Treaty on the Prohibition of Nuclear Weapons)'이 국제법으로 효력을 가지게 됐습니다. 2024년 4월 현재 70개 국가가 자국 내에서 허락을 받는 비준을 거쳤고 23개 국가가 비준을 준비하고 있습니다. 비준과는 상관없이 조약을 지지하는 국가도 42개국이나 됩니다. 이 모두를 합치면 135개 국가로 전 세계 국가의 거의 70퍼센트에 달합니다.

조약을 비준한 국가는 핵무기 개발, 실험, 생산, 비축, 이동, 이용 등 핵무기와 관련된 어떤 일도 할 수 없습니다. 핵무기를 가진 국가들과 핵무기 이용에 찬성하는 국가들은 이 조약에 반대했고 한국도 마찬가지였습니다. 그러나 세계 많은 국가가 핵무기를 원치 않습니다.

우리 사회의 반대와 국제 사회의 반대, 그리고 막대한 피해를 생각하면 핵무기를 가져야 할 이유가 없습니다. 그런데 우리는 여전히 북한의 핵무기가 걱정되고 핵무기가 없는 한반도를 원합니다. 그렇다면 남은 방법은 하나뿐입니다. 북한의 핵무기를 단계적으로 없애 비핵화를 이루는 것입니다. 이 목표는 북한에 대한 압박으로는 달성하기 힘듭니다. 어려워도 대화와 협상을 해야 하고, 인내심을 가지고 계속해서 시도해야 가능합니다. 그러니 우리의 모든 지혜와 노력을 쏟아부을 수밖에 없습니다.

7

북한 인권을
어떻게 개선할 수 있을까?

1. 북한의 인권 문제

북한은 독재 국가이고 통제 사회입니다. 정부의 감시가 엄격하고 법은 개인의 권리가 아닌 국가의 목표 달성과 통치자의 편안함을 우선시합니다. 국민의 가장 중요한 임무는 국가와 통치자를 위해 일하는 것이므로 자유롭게 살 수도 자기 삶을 발전시킬 수도 없습니다. 여기서 끝이 아닙니다. 국가의 이익을 해치고 통치자의 뜻을 거스르는 사람은 엄격한 처벌을 받습니다. 많은 독재 국가나 민주주의 수준이 낮은 국가에서도 비슷한 일이 있습니다. 그런데 북한의 경우에는 처벌이 인권을 심하게 침해하는 수준이어서 문제가 되고 있습니다.

국제 사회는 북한의 인권 문제에 오랫동안 관심을 가져 왔습니다. 유엔에서 논의되고 합의된 북한 인권 관련 결의안은 이런 관심을 잘 보여 줍니다. 2023년 4월 4일 유엔 인권위원회(Human Rights Council)는 인권 침해가 심각한 국가의 상황을 논의하고 결의안을 채택했습니다. 이란, 미얀마, 니카라과, 남수단, 시리아, 벨

뉴욕 유엔 본부의 유엔총회장 모습.

라루스 등과 함께 북한의 인권 문제도 논의 대상이었습니다.
2023년 11월 15일 인권, 인도주의, 사회 문제를 다루는 유엔 제3
위원회(Third Committee)는 시리아, 이란, 미얀마, 북한 등의 인권
문제를 지적하는 결의안을 승인했습니다. 북한은 결의안이 북한
의 법을 어기고 탈북한 사람들의 조작된 증언에 근거하고 있고,
북한을 악마화하고 제거하려는 미국과 유럽 국가들의 주장이라
고 항의했습니다. 2023년 12월 20일 유엔총회는 제3위원회가 올

린 '북한 인권 결의안'을 참가국 전체의 동의로 통과시켰습니다. 이로써 유엔총회는 19년 연속으로 북한 인권 결의안을 통과시켰습니다. 국제 사회가 북한 인권 문제의 심각성을 인정하고 한목소리로 인권 개선을 촉구한 겁니다.

북한에는 어떤 인권 문제가 있길래 국제 사회가 해마다 개선을 촉구하는 걸까요? 유엔 인권위원회는 여러 가지를 지적하고 있습니다. 보통의 국가에서 당연히 보장되는 표현의 자유, 이동의 자유, 집회의 자유, 종교의 자유 등이 없다는 점과 여성·아동·장애인 등의 권리가 침해되고 있다는 점을 지적합니다. 가혹한 처벌, 정치범 수용소의 고문과 강제 노동, 범죄자의 즉결 처형 등도 심각한 문제로 지적하고 있습니다. 또한 국민에게 충분한 보건 서비스와 식량을 공급하지 않음으로써 건강권과 식량권을 침해하고 있는 점도 지적합니다. 북한도 다른 국가들처럼 법과 제도에 따라 운영됩니다. 문제는 그런 법과 제도가 국민이 아니라 국가와 통치자의 이익에 초점을 맞추고 위반한 사람에게는 가혹한 처벌을 가한다는 겁니다. 유엔뿐만 아니라 국제 인권 단체들도 계속 북한의 이런 인권 문제를 지적합니다. 우리 정부 또한 북한 인권 문제를 강조하며 개선을 촉구하고 있습니다.

그렇다면 북한 인권 상황에 대한 정보는 어떻게 얻어지는 걸까요? 유엔이나 국제단체가 북한에 들어가서 조사를 하는 걸까요? 아니면 다른 나라처럼 북한에 있는 단체들이 조사해서 세계에 알리는 걸까요? 모든 정보는 탈북자들 인터뷰를 통해 얻어집니다. 탈북자들이 직접 경험한 일, 또는 주변 사람들에게 들었거나 소문으로 들은 것 등을 모으고 분류하고 정리해 보고서를 작성합니다. 제대로 정보를 모으기 위해서는 직접 현장을 방문해야 하지만 북한 방문이 자유롭지 않고 북한 정부가 허락하지 않기 때문에 불가능합니다. 북한에는 정보를 모으고 보고서를 작성할 시민 단체도 없습니다. 탈북자들의 증언에 의존하기 때문에 정확하지 않거나 과장된 부분이 있을 수도 있습니다. 그러나 여러 사람이 반복적으로 경험하고 들은 얘기는 사실로 취급됩니다.

국제 사회가 북한의 인권 문제를 비난하고 개선을 요구하는 건 인권이 보편적인 가치이기 때문입니다. 즉 특수한 상황이나 문화에 상관없이 모든 곳에서 반드시 지켜져야 하기 때문입니다. 원칙은 이렇지만 사실 많은 빈곤국이나 개발도상국, 그리고 독재 정치나 전쟁이 있는 국가에서는 기본적인 인권이 지켜지지 않는 경우가 많습니다. 북한도 그런 국가 중 하나입니다.

2. 인권이 개선되어야 관계가 좋아진다

우리 사회 대부분의 사람이 북한의 인권 문제를 걱정하고 안타깝게 생각합니다. 북한의 인권 상황이 개선되기를 원합니다. 과거 우리가 독재 정부 밑에서 많은 인권 문제를 겪었기 때문에 더 공감하는 것 같기도 합니다. 그런데 북한의 인권 문제에 어떻게 대응해야 하는지에 대해서는 생각이 다릅니다. 북한이 먼저 인권 개선을 하지 않으면 북한을 상대할 수 없다는 사람들이 있고, 반대로 남한과 북한의 관계가 먼저 개선되어야 북한 인권도 개선될 수 있다는 사람들이 있습니다.

북한이 먼저 인권을 개선해야 한다고 주장하는 사람들은 인권은 인류의 보편적 가치이므로 이를 침해하는 행위는 어떤 말로도 정당화될 수 없다고 말합니다. 같은 민족인 북한의 인권 상황을 개선할 책임이 우리에게 있다고도 말합니다. 그러니 북한에 인권 침해를 중단하고 인권을 보호하도록 강한 압력을 넣어야 한다고 주장합니다. 우리 사회와 국제 사회가 세게 압박하면 북한도 인권을 개선할 수밖에 없을 거라는 얘기입니다.

북한에 압력을 가해야 한다고 주장하는 사람들은 북한이 먼저 인권 문제를 인정하고 개선을 약속해야 남북 관계가 좋아질 수 있다고 말합니다. 인권 문제가 있는 북한과는 좋은 관계를 만들 수 없고 통일에 대해서도 논의할 수 없다고 말합니다. 통일의 목적은 남한과 북한의 모든 사람이 더 나은 삶을 누리고 행복해지는 것인데 그러려면 인권 보장이 가장 중요하다는 겁니다. 인권 문제를 그대로 두고 북한과 관계 개선을 하고 통일을 얘기하는 건 옳은 일이 아니라고 말합니다.

북한 인권 문제에 관심을 가지고 인권 개선을 주장하는 건 매우 타당합니다. 그런데 인권 문제가 계속되면 남북 관계를 개선할 수 없다는 주장, 그리고 통일을 위해서라도 북한 인권 문제를 먼저 해결해야 한다는 주장이 타당한지는 의문입니다. 남북 관계 개선은 현재 우리의 안전을 위해, 그리고 미래를 위해서도 필요합니다. 북한의 인권 문제를 비난하고 개선을 요구할 수는 있으나 그것을 이유로 좋은 관계로 나아가는 노력을 포기하는 건 결국 우리의 이익을 포기하는 일입니다. 또한 통일은 한반도가 분단된 뒤 계속 이어 온 아주 오래된 주제입니다. 세계가 북한의 인권 문제를 알고 비난하기 전부터 남한과 북한의 공동 관심사였습니다. 통일은 한반도의 평화와 남한과 북한 사회의 발전을 위해 하자는 것이지 모든 것이 완벽해진 뒤에 하자는 게 아닙니다. 그러니 통일을 위해 인권 문제를 먼저 해결하자는 주장은 수십 년 동안 얘기해 온 통일의 목적과는 다릅니다.

인권 문제가 심각한데도 인권을 개선할 충분한 의지가 없기 때문에 북한과 관계를 개선할 수 없다는 주장은 우리의 외교 정책과 맞지 않습니다. 2023년 4월 유엔 인권위원회는 북한과 함께 벨라루스, 조지아, 아이티, 이란, 미얀마, 니카라과, 남수단, 시리아, 그리고 우크라이나를 침공한 러시아의 인권 문제를 논의했습니다. 12월 유엔총회는 북한, 이란, 시리아, 미얀마, 그리고 우크라이나에 대한 러시아의 인권 침해를 규탄하는 결의안을 통과시켰습니다. 팔레스타인 가자지구에서 전쟁을 벌이고 있는 이스라엘에 대해서는 3개의 결의안을 통과시켰습니다. 그런데 우리 정부는 아이티, 남수단, 시리아를 제외하면 위의 모든 국가와 외교 관계를 맺고 있고 경제 협력도 하고 있습니다. 모두 북한보다 낫다고 할 수 없을 정도의 심각한 인권 문제가 있는 국가들입니다. 그러니 유엔에서 결의안을 통과시킨 거지요. 이런 국가들과 외교를 맺고 경제 협력, 문화 교류 등을 계속하는 이유는 우리의 이익을 위해서입니다. 그리고 인권 문제는 하루아침에 해결되는 것이 아니어서 국제 사회의 꾸준한 노력, 대화와 압박 등이 필요합니다. 그래서 대부분 국가는 인권 문제가 있는 국가와도 관계를 맺고 유지합니다. 외교 관계가 있어야 대화와 압박도 가능하니까요. 그러니 인권 문제가 있다고 북한과 좋은 관계를 만들 수 없다거나 아예 대화조차 할 수 없다는 얘기는 타당하지 않습니다. 북한의 인권 문제 개선을 위해서라도 더 접촉하고 관계를 만들어야 합니다.

3. 관계가 좋아져야 인권이 개선된다

앞의 주장과는 반대로 북한의 인권을 개선하기 위해서는 먼저 북한과 좋은 관계를 만들어야 한다고 주장하는 사람들이 있습니다. 적대 관계와 무력 대결을 중단하는 것이 인권을 개선하는 데 도움이 된다는 주장입니다. 이런 주장을 하는 이유는 여러 가지입니다. 가장 큰 이유는 북한과 관계가 좋지 않은 상황에서 남한이 인권 문제를 지적하면 북한이 그것을 공격으로 받아들일 수 있다는 겁니다. 결국 북한의 인권은 개선되지 않고 남북 관계만 더 나빠질 수 있다는 거지요. 남한과 북한의 적대 관계가 계속되면 북한이 국민들에 대한 통제와 처벌을 더욱 강화할 수 있다는 점도 지적합니다. 실제로 북한은 남한에 대한 정보를 얻고 남한 드라마나 음악을 접하는 행위 등에 대해 통제와 처벌을 하고 있습니다.

오래전 남한의 군사독재 정부에서도 비슷한 일이 있었습니다. 북한과의 적대 관계를 강화하고 국민을 감시했던 정부가 지나가는 말로 '북한 공산당보다 못하다'며 정부에 불만을 표시한 사람들까지 체포하고 처벌했으니까요. 남한과 북한의 좋지 않은 관계가 북한의 인권 상황을 악화시킬 수 있다고 걱정하는 사람들은 북한 사람들의 인권을 위해서가 아니라 북한을 비난하고 공격하기 위해 인권 문제를 지적하는 사람들을 경계해야 한다고 말합니다. 그건 바람직하지 않은 일이고 오히려 북한 사람들을 위험하게 만들고 남북 관계를 악화시킬 수 있다는 겁니다.

남북 관계를 먼저 개선해야 한다고 주장하는 사람들은 북한의 상황이 다른 국가들과 달라서 인권 개선에 오랜 시간이 걸릴 수 있다고 말합니다. 북한은 경제 발전을 이루지 못했고 여전히 먹고사는 문제가 가장 중요해서 국민이 인권 문제에 관심을 가지기 힘듭니다. 독재 국가이고 통제 사회이기 때문에 인권 문제를 다루는 시민 단체도 없습니다. 외부 세계와의 자유로운 교류가 없어서 자연스럽게 인권 의식이 생기기 어려운 환경이기도 합니다. 북한을 방문하는 사람들은 아주 적고 북한에서 일하는 국제 단체는 인도주의 지원을 하는 몇 개뿐입니다. 그것도 코로나19 이후에 모두 철수해서 2024년 여름 현재까지 복귀하지 않은 상태입니다. 다른 빈곤국이나 개발도상국의 경우에는 국제단체들이나 거기서 일하는 사람들과의 교류와 협력을 통해 자연스럽게 사회에 인권 의식이 확산됩니다. 하지만 북한 사람들에게는 그런 기회가 없습니다. 엄격한 통제와 감시가 이뤄지는 사회이기 때문에 인권 문제에 대해 서로 정보를 나누거나 토론을 할 수도 없습니다. 북한이 국제 사회의 제재 때문에 다른 국가와 교류와 무역이 거의 없이 고립된 점도 인권 개선을 힘들게 합니다. 내부의 일은 밖으로 잘 알려지지 않고 국제단체가 북한에 가서 조사를 할 수도 없으니까요. 이런 여러 가지 어려움은 인권 문제를 지적하는 것만으로 해결되기 어렵습니다.

북한은 쉽게 변하지 않을 것이고 그럴 수 있는 환경이 아닙니다. 한 국가가 변화하고 발전하려면 내부의 노력은 물론 다른 국가와 국제단체의 지원, 그들과의 협력도 필요합니다. 그런데 북한은 현재 고립된 상황이고 그런 상황이 쉽게 변할 것 같지는 않습니다. 그러니 북한 인권을 개선하기 위해서는 인내심을 가져야 하고 다양한 노력을 기울여야 합니다. 남북 관계를 먼저 개선해야 한다고 주장하는 사람들은 북한 사람들이 생활고를 해결할 수 있도록 인도주의 지원과 개발 지원을 선행해야 한다고 주장합니다. 그래야 그들도 자신의 인권에 대해 생각할 여유를 가질 테니까요. 또한 북한이 남한이나 국제 사회의 지적을 공격이 아니라고 생각할 수 있게 먼저 신뢰를 쌓아야 한다고 말합니다.

북한을 압박해야 한다고 주장하는 사람들은 이런 주장을 너무 순진한 생각이라고 말합니다. 강한 압력이 없으면 북한은 절대 바뀌지 않는다고 말합니다. 또한 강하게 북한 인권 문제를 지적하지 않는다면 보편적 가치인 인권 문제를 외면하는 것이라고 강조합니다. 이런 주장은 타당합니다. 그런데 한 가지 명심할 점은 북한 인권 문제를 지적하는 이유는 북한 사람들의 인권 향상을 위해서고, 그러기 위해 북한의 변화를 만들어 낼 다양한 방법을 생각해 봐야 한다는 것입니다.

4. 내부에서 변화가 일어날 수 있도록

세계에는 인권을 보호받지 못하는 사람들이 많습니다. 특히 정치적으로 불안하고, 경제가 발전되지 않고, 독재나 전쟁이 있는 곳에 사는 사람들은 국가의 보호를 받지 못하고 오히려 억압과 탄압 속에서 살고 있습니다. 국제 사회는 그런 국가의 인권 문제를 지적하고 인권을 개선하라고 요구할 수 있습니다. 인권은 사는 곳에 상관없이 모든 인간이 누려야 하는 권리이기 때문입니다. 유엔이나 국제 인권 단체들은 그런 국가의 인권 문제를 감시하고 조사해서 세계인들에게 알립니다. 이렇게 하는 이유는 비난하기 위해서가 아니라 그곳 사람들의 인권 상황을 조금이라도 나아지게 하기 위해서입니다. 문제는 국제 사회가 감시와 조사를 하고 계속 비난을 해도, 그리고 제재까지 해도 인권 상황이 좀처럼 개선되지 않는다는 겁니다. 왜일까요?

가장 큰 이유는 정치적 불안, 경제적 저개발, 독재나 전쟁 등의 상황이 짧은 시간에 해결되는 문제가 아니기 때문입니다. 이런 문제가 더는 나빠지지 않고 조금씩이라도 나아져야 인권 상황도 개선될 수 있는데 말입니다. 인권 문제를 지적하고 정부에 맞설 사람들이 없기 때문이기도 합니다. 매일 생활고를 겪어야 하는 사람들은 인권 문제에 관심을 가지거나 시민단체를 만들어 정부에 저항할 여유가 없으니까요. 또 다른 중요한 이유는 인권 문제가 국가 사이, 또는 국제 사회의 정치 문제가 되기 때문입니다. 그렇게 되면 압박이 효과를 발휘하지 못합니다. 인권 문제가 있는 국가들은 국제 사회의 비판을 자국에 대한 공격이라며 되받아 비난하곤 합니다. 북한도 남한, 미국, 유럽 국가들이 자국을 공격하고 악마화한다고 주장합니다. 이런 여러 가지 이유로 한 국가의 인권 상황을 개선하는 일은 매우 어렵습니다. 유엔이 북한을 포함한 여러 국가에 대한 인권 결의안을 반복적으로 통과시키고 국제 시민 단체가 계속 감시해도 말입니다.

북한의 인권 문제는 특히 더 다루기 어렵습니다. 북한이 다른 국가보다 더한 폐쇄 사회, 통제 사회이기 때문에 인권 문제를 다룰 내부 환경이 만들어지지 않습니다. 그런 환경은 외부의 압박으로 잘 바뀌지 않으므로 시간이 걸려도 내부에서 변화가 일어나게 해야 합니다. 외부에서 조심스럽게 지원할 수 있지만 북한의 경우에는 그것도 힘듭니다. 북한의 인권 개선을 위해서는 이런 내부 환경을 잘 이해하고 고려한 접근이 필요할 수밖에 없습니다. 북한에 아예 희망이 없는 건 아닙니다. 북한은 일단 유엔의 '자유권(시민적·정치적 권리) 규약'과 '사회권(경제적·사회적·문화적 권리) 규약'에 가입되어 있는 국가입니다. 또한 이미 오래전에 '아동 권리 협약', '여성 차별 철폐 협약', '장애인 권리 협약'을 비준했습니다. 북한은 이 모든 규약과 협약을 지킬 의무가 있습니다. 국제 사회의 비난을 아예 무시할 수도 없습니다. 북한은 특히 여성, 아동, 장애인 등의 권리 향상에 대해서는 2010년대 중반부터 해당 위원회에 국가 보고서를 제출하고 검토 및 권고를 받는 등 협력하고 있습니다. 또한 건강권, 교육권, 식량권 등에 대해서는 여러 권고를 수용하기도 했습니다. 직접적·간접적으로 여성, 아동 등의 인권 문제와 관련된 유엔 지속가능발전목표(SDGs, Sustainable Development Goals) 회의에도 보고서를 제출하고 참석도 하고 있습니다. 국제 사회의 개발 지원과 협력을 얻기 위해서인 것으로 보입니다. 정치와 관련된 인권 문제는 거의 개선의 조짐이 없지만 다른 분야에서는 노력하는 모습이 보입니다.

북한 인권 문제와 관련해서는 두 가지를 명심해야 합니다. 하나는 우리가 원하는 건 북한에 대한 비난이 아니라 북한 사람들의 인권 향상이라는 점입니다. 그렇다면 하기 쉬운 비난이 아니라 시간이 좀 들고 힘들어도 정말 변화를 가져올 방법을 고민해야 합니다. 다른 하나는 북한 인권 문제를 북한에 대한 공격의 수단으로 삼아서는 안 된다는 점입니다. 이런 태도와 행동은 북한의 반감을 부르고 적대감만 높일 수 있습니다. 북한의 인권 개선은 결국 북한 정부의 협력이 있어야 가능합니다. 그러므로 문제를 지적하면서 동시에 변화를 이룰 수 있도록 도와야 합니다. 남한과 국제 사회가 북한 인권 개선을 장기적인 숙제로 삼아 꾸준히 노력하고 효율적인 방법을 찾아야 합니다.

8

어떻게 평화로운 삶으로
나아갈 수 있을까?

1. 한반도는 평화롭지 않다

우리는 한반도가 평화롭기를 바랍니다. 사는 곳이 평화롭기를 바라는 건 당연합니다. 하지만 우리가 이런 바람을 가지게 된 이유는 매우 유감스럽게도 한반도가 평화롭지 않기 때문입니다. 남한과 북한의 무력 대결이 계속되고 있으니까요. 어떤 사람들은 이 정도면 평화롭게 사는 것이라고 말합니다. 정말 그런가요? 또 다른 사람들은 남한과 북한이 무력 대결을 하고 있어도 전쟁을 걱정할 필요는 없다고 말합니다. 전쟁은 남한과 북한 모두에게 손해이기 때문에 절대 일어나지 않을 거라고 합니다. 정말 그럴까요?

한반도에는 한국전쟁이 끝나고 70년 이상이 지난 지금까지 전쟁이 없습니다. 이 상황을 어떤 사람들은 '평화롭다'고 얘기합니다. 그런데 조금만 관심을 기울이면 평화롭지 않은 우리의 상황을 잘 알 수 있습니다. 우리는 남한과 북한의 무력 대결과 군사적 긴장에 대한 뉴스를 자주 듣습니다. 말로, 그리고 군사 훈련을 통해 언제든 싸울 준비가 되어 있으니 서로 상대에게 '조심하라'는 경고를 보냅니다. 이런 상황을 '평화롭다'고 할 수는 없습니다. 또 우리는 큰 규모의 군대를 가지고 있습니다. 2023년 기준으로 한국군 숫자는 약 50만 명이고 징병제를 통해 이 숫자를 유지하고 있습니다. 전 세계 대다수 국가가 군대를 가지고 있지만 우리처럼 규모가 크지 않고 징병 제도가 있는 국가도 몇 없습니다. 모두 남한과 북한의 무력 대결 때문입니다. 이런 상황을 '평화롭다'고 얘기할 수는 없습니다.

다른 사례도 좀 볼까요? 2024년 1월 미국의 유명한 군사력 평가 기관은 한국의 군사력이 세계 5위라고 발표했습니다. 2014년에 7위가 됐고, 2020년부터 2023년까지는 6위를 기록했는데 이제 5위로 올라선 겁니다. 1위부터 4위까지는 미국, 러시아, 중국, 인도 순이었습니다. 영토 크기나 인구수에서 우리와는 비교할 수 없는 수준의 국가들입니다. 그 뒤가 한국인 겁니다. 순위가 높으면 좋은 것 같지만 사실 그렇지 않습니다. 높은 순위는 두 가지를 의미합니다. 하나는 우리 사회의 무장 수준이 높고 전국 곳곳에 군대와 각종 무기가 많이 배치되어 있다는 의미입니다. 남성들이 일정한 나이가 되면 군대에 의무적으로 가야 하는 것도 높은 무장 상태를 유지하기 위해서입니다. 참고로 북한의 순위는 36위였습니다. 2019년에 18위였던 북한은 순위가 계속 하락했고 2023년에는 34위였는데 더 하락했습니다.

군사력 순위가 높다는 건 우리가 국방 예산을 많이 지출하고 있다는 뜻이기도 합니다. 2023년 한국의 국방 예산 순위는 세계 8위로 2021년, 2022년의 순위와 같았습니다. 작은 영토와 인구수를 생각하면 이것 역시 아주 높은 순위인데 남한과 북한의 무력 대결 때문입니다. 국방 예산은 2023년에는 57조 원, 2024년에는 59.4조 원으로 전체 정부 예산의 약 9퍼센트를 차지했습니다. 2024년의 국방 예산 증가율은 4.2퍼센트였는데 정부 예산 증가율인 2.8퍼센트보다 훨씬 높았습니다. 이것은 우리가 국방 예산에 많은 돈을 쓰고 있다는 뜻입니다. 정부 예산이 넉넉하지 않은 상황에서도 말입니다. 참고로 2023년 북한의 국방 예산 순위는 세계 59위였습니다. 북한의 영토와 인구수, 그리고 북한이 세계에서 가장 가난한 국가 중 하나라는 점을 생각하면 매우 높은 순위입니다. 북한은 전체 정부 예산의 약 16퍼센트를 국방 예산에 쓰고 있습니다. 남한과 북한 모두 상대의 공격과 전쟁에 대비하기 위해서 막대한 국방 예산을 쓰고 있습니다.

한반도는 전혀 평화롭지 않고 우리의 일상도 안전하지 않습니

1953년 7월 27일 판문점에서 정전 협정에 서명하고 있는 유엔군 측 대표 해리슨 중장과 북한 측 대표 남일 장군.

다. 이런 상황이 된 가장 근본적인 이유는 한반도가 휴전 상태이기 때문입니다. 한국전쟁은 1953년 7월 27일 '정전 협정'으로 일단락됐습니다. '정전'은 전쟁을 쉰다는 의미고, 다른 말로 하면 다시 전쟁을 할 수도 있다는 의미입니다. 그래서 남한과 북한 모두 다시 시작될 수 있는 전쟁을 위해 무력 경쟁을 해 왔습니다. 물론 휴전 상태를 잘 관리하고 평화롭게 공존하기 위해 노력하면 영원히 전쟁 위험이 없는 상태로 만들 수도 있습니다. 그러나 우리는 그렇게 하지 못했고 한반도는 항상 전쟁 또는 무력 충돌의 위험이 있는 곳이 되었습니다. 남한과 북한이 서로 상대를 이기기 위해 군사력을 키우며 경쟁하는 곳, 휴전선 부근에 대규모 병력을 배치하고 군사 훈련을 하면서 서로에게 무력을 과시하는 곳이 되었습니다. 우리가 '이 정도면 평화로운 거야'라고 말해도 이런 한반도는 당연히 평화롭지 않습니다.

2. 강한 군사력이 평화를 보장한다

국가가 군대와 무기를 가지는 가장 큰 이유는 적으로부터 국민과 국가를 보호하기 위해서입니다. 공격을 받지 않기 위해서, 그리고 공격을 받는다면 즉각 대응하기 위해서입니다. 적을 먼저 공격하기 위해서 강한 군대와 무기가 필요하다고 말하는 국가는 없습니다. 그건 다른 국가를 무력으로 공격하면 안 된다는 국제 사회의 규칙을 어기는 거니까요. 그렇다고 모든 국가가 절대 다른 국가를 공격하지 않는 건 아니지만 기본적인 원칙과 약속은 그렇습니다. 국가는 적의 군사력에 뒤지지 않는 자국의 군사력을 키우고 유지하려고 합니다. 적어도 적국과 비슷한, 그리고 되도록 적보다 월등한 군사력이 있어야 공격을 받지 않을 수 있다는 거지요. 이것이 군사력을 통해 전쟁과 무력 충돌을 막을 수 있다는 논리입니다.

우리 사회의 많은 사람이 이런 논리를 지지합니다. 특히 우리는 '공식적'인 북한과 휴전선을 맞대고 있어서 어떤 국가보다 강한 군대와 무기를 갖춰야 안전하게 살 수 있다고 얘기합니다.

북한이 언제든 우리를 공격할 수 있고, 북한의 군사력이 그럴 수 있을 만큼 강하기 때문이라는 거지요. 가장 중요한 이유는 북한을 믿을 수 없기 때문이라고 말합니다. 북한이 다른 국가를 먼저 공격하면 안 된다는 국제 사회의 규칙을 지킬 국가가 아니라는 거지요. 그러니 우리가 북한이라는 적을 이웃에 두고 안전하게 살 수 있는 길은 강한 군대를 만들고 육지, 바다, 하늘 어디서라도 북한의 공격을 막을 아주 강하고 효율적인 무기를 갖추는 길밖에 없다고 강조합니다.

이런 주장을 하는 사람들은 강한 군사력이 북한의 공격을 막는 것을 넘어서 우리 사회, 그리고 한반도의 평화를 위해서 필요하다고 강조합니다. 평화롭게 살기 위해서는 전쟁이 없어야 하고, 그러려면 북한이 남한을 공격할 수 있다는 생각 자체를 못 하도록 해야 하는데 강한 군사력을 가지고 있어야 그게 가능하다는 겁니다. 강한 군사력을 유지하려면 당연히 큰 규모의 군대와 새로운 무기가 계속 필요하다고 말합니다. 그러니 국방 예산이 많이 지출되는 건 감수해야 한다고 말합니다. 다른 국가들처럼 국방 예산을 적게 쓰면 좋겠지만 우리의 안전을 위해, 나아가 평화를 위해 할 수 없는 일이라는 거지요.

경기도 여주 남한강 일대에서 열린 한미 연합 도하 훈련(2024. 6. 5).

강한 군사력의 필요를 주장하는 사람들은 특히 북한의 핵무기 개발을 지적합니다. 북한이 남한과 무력 대결을 계속할 마음이 없고 좋은 관계를 유지하려고 했다면 핵무기를 개발했겠느냐는 겁니다. 남한이 미국과 국제 사회가 허락하지 않기 때문에 핵무기를 개발할 수 없다는 사실을 알면서도 남한을 군사력으로 누르기 위해 핵무기를 개발했다는 거지요. 북한의 핵무기 개발로 우리는 군사력을 더 키울 수밖에 없게 됐고 계속 더 많은 국방 예산을 쓸 수밖에 없는 상황이 됐다는 겁니다.

강한 군사력을 위해 한미 연합 군사훈련도 더 강화해야 한다고 말합니다. 북한이 연합 훈련이 있을 때마다 비난하는 이유는 그만큼 남한과 미국의 연합 군사력을 두려워하기 때문이고 그건 연합 훈련이 효과를 발휘하는 것이라고 말합니다. 또한 북한의 핵무기에 대응하기 위해서는 핵무기를 가진 미군의 도움이 필요하다고 말합니다. 연합 훈련과 미국의 핵무기가 한반도로 올 때마다 북한이 무력 시위를 하고 군사적 긴장이 높아진다는 주장에 대해서는 우리가 감수해야 할 일이라고 말합니다. 북한과 대결하고 있는 우리 상황에서 평화를 지키기 위해 치를 수밖에 없는 대가라는 겁니다. 강한 군사력이 평화를 보장하기 때문에 군사적 긴장이 높아지고, 때로 무력 충돌의 위험이 있어도 어쩔 수 없다고 얘기합니다. 강한 군사력을 갖추면 전쟁을 반드시 막을 수 있으니 걱정하지 않아도 된다고 강조합니다.

3. 강한 군사력이 평화를 위협한다

강한 군사력으로 전쟁을 막고 평화를 얻을 수 있다는 생각에 반대하는 의견을 가진 사람들도 많습니다. 강한 군사력을 강조하는 것이 오히려 우리의 안전과 평화를 위협한다고 말합니다. 북한의 공격을 막기 위해 강한 군사력이 필요하다는 주장은 얼핏 들으면 논리적인 것 같지만 사실은 북한과의 무력 대결을 강화하고, 그로 인해 오히려 무력 충돌이 생길 가능성이 높아진다는 거지요. 또한 서로를 겨냥해 군사력을 키우기 때문에 서로에 대한 불신이 높아지고 관계는 계속 악화된다고 말합니다. 한국전쟁 이후 남한과 북한의 관계가 계속 좋지 않았던 이유가 바로 이 때문이라고 말합니다. 강한 군사력을 강조하면 전쟁과 무력 충돌의 위험에서 영원히 벗어날 수 없고, 그러므로 평화롭게 살 수 없다는 겁니다.

강한 군사력이 평화를 위협하는 이유 중 하나로 국방 예산의 문제도 지적합니다. 우리의 국방 예산은 오랫동안 정부 예산의 9~10퍼센트 정도를 차지해 왔습니다. 그런데 정부 예산이 들어가야 하는 분야는 국방 외에도 보건, 복지, 고용, 교육, 문화 · 체육 · 관광, 환경, 연구 개발(R&D), 농림 · 수산 · 식품, 외교 · 통일, 공공질서 · 안전, 행정 등 다양합니다. 정부가 각 분야에 얼마나 예산을 쓰느냐에 따라 많은 사람의 삶이 좋아지거나 나빠집니다. 먹고사는 문제와 관련된 일자리, 주택, 복지, 빈곤 등 다양한 사회 문제도 개선되거나 나빠지거나 합니다. 그런데 국방 예산이 줄어들지 않고 오히려 매년 늘게 되면 이런 문제를 해결하는 데 쓸 돈이 부족해집니다. 그 결과 많은 사람이 안전하고 행복하게, 다른 사람들과 경쟁하거나 싸우지 않고 살 수 없게 된다는 거지요. 다른 말로 평화롭게 살 수 없다는 겁니다.

이런 주장을 하는 사람들도 무력 충돌을 막고 국민을 지키기 위해서 군대와 무기가 필요하다고 생각합니다. 그러나 근본적인 문제인 북한과의 적대 관계를 개선하지 않고 계속 군사력만 강화하는 건 우리 사회에 좋지 않다고 말합니다. 예를 들어 강한 군사력을 강조하면 북한과의 무력 대결과 경쟁이 심해지고 정말 필요한 만큼이 아니라 북한에게 보여 주고 겁을 주기 위해 지나치게 많은 무기를 가지게 된다는 겁니다. 2023년 3월 스톡홀름 국제평화연구소가 발표한 『세계 무기 거래 동향 2022』 보고서에 따르면 최근 5년(2018~2022년) 동안 한국의 무기 수입은 직전 5년 (2013~2017) 동안보다 61퍼센트나 증가했습니다. 같은 시기 아프리카, 북·중·남미, 아시아, 오세아니아, 중동 등의 무기 거래는 40퍼센트에서 7.5퍼센트까지 감소했습니다. 2013년에서 2022년까지를 종합한 통계를 보면 한국은 세계에서 가장 많은 무기를 수입한 국가 7위였고 수입 무기 중 71퍼센트는 미국산이었습니다. 우리는 세계 9위의 무기 수출국이지만 첨단 전투기나 미사일은 주로 미국에서 수입하고 있습니다. 2014년에서 2019년까지 한국은 세계에서 네 번째로 미국산 무기를 가장 많이 수입한 국가였습니다. 액수는 62.8억 달러로 현재 한화 가치로 계산하면 8조 원이 넘는 액수였습니다. 막대한 양의 무기 수입을 위해서는 당연히 막대한 국방 예산이 필요합니다. 국방 예산 중 약 30퍼센트는 '방위력 개선비'인데 주로 무기 체계를 만들고 새로운 무기를 사는 데 사용됩니다. 2024년의 방위력 개선비 예산은 약 17.8조입니다.

강한 군사력이 평화로운 삶을 보장하지 않는다고 주장하는 사람들은 많은 돈을 쓰고도 전쟁과 무력 충돌을 걱정해야 하는 상황이 계속되고 있다고 말합니다. 강한 군사력이 결국 평화를 위협하고 있다는 겁니다. 또한 강한 군사력을 강조하면서 남한과 북한 모두 상대방의 무기에 맞서기 위해 계속 새로운 무기를 개발하는 안타까운 상황이라고 말합니다. 남한과 북한 모두 편안하고 안전한 사회가 아니라 불안한 사회를 만드는 데, 그리고 전쟁과 무력 충돌에 대비하는 데 막대한 돈과 사회의 에너지를 쏟고 있다는 거지요. 이렇게 계속 무력을 강화하고 전쟁을 준비하는 사회는 절대 평화로울 수 없다고 강조합니다.

4. 우리 모두 평화로운 일상을 꿈꾼다

우리가 사는 한반도는 언제라도 전쟁이 일어날 가능성이 있는 곳입니다. 가장 큰 이유는 한국전쟁이 정전 협정으로 끝났고 그래서 남한과 북한은 공식적으로 전쟁을 쉬는 상태이기 때문입니다. 다른 이유는 남한과 북한이 계속 무력 대결을 하고 있고, 그래서 때때로 군사적 긴장이 높아지기 때문입니다. 그렇지만 휴전 상태이고 무력 대결이 계속된다고 해서 항상 전쟁이나 무력 충돌을 걱정해야 하는 건 아닙니다. 남북 관계가 좋은지 나쁜지에 따라, 남한과 북한이 접촉하고 대화를 하는지 하지 않는지에 따라, 또는 상대의 군사 훈련이나 무기 개발에 어떻게 대응하는지에 따라 무력 대결이 심해지기도 하고 별일 없이 지나가기도 하니 말입니다. 휴전 상태이고 무력 대결이 계속되는 건 맞지만 우리의 대응에 따라 전쟁의 위험이 생기기도, 그렇지 않기도 하는 겁니다. 그렇다면 우리는 무엇을 기준으로 삼아서 대응 방법을 결정해야 할까요? 대응 방법을 선택할 때 무엇을 가장 중요하게 생각해야 할까요?

우리가 기준으로 삼고 중요하게 생각해야 할 것은 모든 사람의 안전과 평화로운 삶입니다. 어떤 일이 있어도 현재 우리 사회에서 살고 일하고 잠시 머무는 사람들이 안전해지는 방법을 선택해야 합니다. 나아가 모두가, 더불어 북한에 있는 사람들까지도 평화롭게 살 수 있는 선택이어야 합니다. '평화롭다'는 것을 전쟁이나 무력 충돌이 없는 상태라고 생각할 수 있습니다. 그러나 전쟁이나 무력 충돌이 없어도 그런 위험이 항상 존재한다면 평화로운 게 아닙니다. 강한 군사력과 최첨단 무기로 상대를 압박하면 전쟁이나 무력 충돌은 억제할 수 있겠지만 위험은 사라지지 않습니다. 현재 한반도의 상황처럼 말입니다. 최소한의 평화는 전쟁이나 무력 충돌이 없는 게 아니라 그 위험이 사라진 상태를 말합니다. 그래야 생명을 빼앗길 염려 없이 살 수 있으니까요. 더 높은 수준의 평화는 북한과의 적대와 대결이 대화와 협력으로 바뀌고 공동의 미래를 위해 교류하고 적극적으로 소통하는 상태가 될 때 가능합니다. 남북 관계에서 비롯된 정신적 스트레스, 이념 갈등, 정치적 싸움, 사회 문제 등도 모두 사라진 상태를 말합니다. 그런데 현재 우리는 높은 수준의 평화는 꿈도 꾸지 못하고 휴전 상태, 그리고 계속되는 적대 관계와 무력 대결로 최소한의 평화도 누리지 못하고 있습니다.

우리는 적대적인 남북 관계와 무력 대결로 많은 것을 포기하면서 살아왔고 그런 상황에 익숙해졌습니다. 다른 국가 사람들이라면 심각하게 생각할 상황을 '이 정도면 평화롭다'고 하면서 북한과 전쟁만 없으면, 심각한 무력 충돌만 없으면 괜찮다고 생각해왔습니다. 시시때때로 군사적 긴장이 높아지는 상황에서도 말입니다. 강한 군사력을 유지하기 위해서도 우리는 많은 것을 포기해왔습니다. 그리고 불안해도 강한 군사적 대응을 당연하게 생각해왔습니다. 그런데 이에 대해서는 조금 더 생각해 봐야 합니다. 적을 상대하기 위해 강한 군사력을 유지하고 때로 군사적 대응을하는 건 자연스러운 전략이라고 할 수 있습니다. 그러나 군사력의활용은 위기를 넘기기 위한 임시방편이고 그것으로 평화를 얻을수는 없습니다. 평화는 정치와 외교, 그리고 대화와 협상으로 가능합니다. 그것이 국제 사회에서 통용되는 상식이고 실제 사례로도 알 수 있습니다. 그러므로 이런 방식을 통해 강한 군사력에 의존하지 않아도 되는 상황을 만들기 위해 노력해야 합니다.

우리는 모두 평화를 원합니다. 한반도가, 그리고 우리의 일상이 평화롭기를 바랍니다. 그렇지만 평화를 이루는 방법에 대한 생

각은 서로 다릅니다. 어떤 사람들은 강한 군사력을 갖춰야 평화
롭게 살 수 있다고 하고, 또 다른 사람들은 강한 군사력만 내세우
면 오히려 평화롭게 살 수 없다고 말합니다. 그런데 이렇게 의견
이 다른 이유는 하나입니다. 남북 관계가 단절되고 무력 대결이
계속되면서 우리의 일상이 평화롭지 않고 불안하기 때문입니다.
이것이 근본적인 문제입니다. 우리는 여기에 관심을 가져야 하고
해결 방법을 고민해야 합니다. 그래야 모두가 원하는 평화로운 한
반도, 우리 사회, 그리고 우리의 일상이 가능합니다. 그리고 평화
로운 미래를 상상할 수 있습니다.

사진 출처

국립민속박물관: 102쪽

미국국방부: 165쪽(미해군 F. Kazukaitis)

연합뉴스: 14쪽, 50쪽, 57쪽, 72쪽, 96쪽,
                     109쪽, 169쪽

위키백과: 23쪽(미육군공보관 Edward N. Johnson),
                     26쪽(Thierry Noir),
                     140쪽(미국의회도서관),
                     145쪽(Basil D. Soufi)

해외문화홍보원: 79쪽